今夜は、肉！

重信初江

思えば、幼いころから肉料理が大好きでした。
祖母の焼いた鶏もも肉のステーキは絶品だったし、
父は店番をしながらストーブでチャーシューを煮るのが得意。
母の作る牛しゃぶしゃぶは、手作りのごまだれが自慢でした。

毎日の献立で、中心になるのはやっぱりお肉！
体力維持のためにしっかりとりたいたんぱく質をはじめ、
ビタミンやミネラルも含まれているし、私の元気の源です。
友人を招いたときも、肉料理が登場するとテーブルが盛り上がります。

とはいえ最近は、こってりした料理ばかりだと胃がもたれたり、
体が重く感じることも増えました。だから肉料理といえど、
こってり＆がっつりなスタミナおかずばかりではなく、
たっぷりの薬味や葉野菜と合わせたり、大根おろしとあえたり、
酢やレモンの酸味を効かせたり、さっぱり食べられるメニューも盛り込みました。

「どうしたら手軽に、安いお肉でもおいしくできるか？」もレシピのポイントで、
小麦粉をまぶして口当たりよくしたり、弱火でゆでてやわらかく仕上げたり、
逆にさっと強火で焼いて旨みを閉じ込めたり……と、工夫を凝らしています。
いつものメニューが、「あれっ、なんだかおいしくなった？」
そう感じていただけたらうれしいです。

この本では、家庭料理の定番だけでなく、
私が世界を旅して出合ったメニューもご紹介しています。
ベトナムの揚げ春巻き、台湾の排骨（パイグー）飯、
韓国のキンパやヤンニョムチキン風のから揚げ、モロッコのタジン……。
肉料理とともに、異国の気分も味わっていただけたらうれしいです。

重信初江

Contents

2 はじめに

1章

使い勝手のよい
「3大肉」で

鶏むね肉・ささみ

10 鶏むね肉のレモンバターソテー

12 レンジ鶏ハム
鶏ハムのたたき風／鶏ハムのカプレーゼ風

14 蒸し鶏ねぎソース

15 鶏むね肉のエスカベッシュ

16 鶏むね肉と野菜の韓国風炒め

18 ささみと夏野菜の冷やし鉢

20 ささみの梅しそ巻き焼き

21 ささみのバジルチーズフライ

豚薄切り肉

22 野菜の肉巻き しば漬けタルタル

24 豚肉とキャベツ、レモンの重ね蒸し

26 豚こまのゆかりから揚げ

27 豚しゃぶのサラダ仕立て

28 豚肉となすのおろしあえ

29 豚肉のサテ

ひき肉

30 万願寺唐辛子とゴーヤーの肉詰め

32 ハンバーグ

34 メンチカツ

35 鶏ひき肉ときゅうりの梅みそ炒め

36 ベトナム風揚げ春巻き

38 れんこんのひき肉はさみ焼き

39 塩つくねのおろしのせ

40 なすのミートグラタン

41 肉だんごの甘酢あん

42 ロールキャベツ

43 トマトの肉詰め

5

2章

気分が上がる！
毎日の肉おかず

鶏肉

46 鶏もも肉のフレッシュトマト煮
48 ヤンニョムチキン
49 鶏塩じゃが
50 チキン南蛮
52 鶏もも肉のクリーム煮
53 よだれ鶏
54 バターチキンカレー
56 水炊き
57 鶏皮のパリパリせんべい
58 手羽元とゆで卵の酢煮
60 手羽先揚げ
61 タンドリーチキン

豚肉

62 豚肉のダブルしょうが焼き
64 スペアリブ
65 豚天
66 シュニッツェル
67 とんかつ
68 塩豚
69 豚ヒレのピカタ

牛肉

70 牛たたき
71 牛しゃぶしゃぶ
72 グヤーシュ
73 ビフカツ
74 牛すねのポン酢煮
75 ユッケジャン

ラム肉

76 ラム肉の串焼き
77 ラム肉のタジン
78 ラムチョップ

ごちそう肉

80 ローストビーフ
82 ローストチキン
84 ローストポーク
86 ミートローフ
88 牛肉の赤ワイン煮
90 シュークルート

3章

一品で大満足！
肉でごはんと麺

鶏肉

92	カオマンガイ
94	手羽元のサムゲタン風
96	チキンドリア
97	鶏の照り焼き丼
98	親子丼
99	タッカルビ丼

豚肉

100	角煮丼
102	ソースかつ丼
104	黒酢酢豚丼
105	パイグー丼
106	焼き豚エッグ丼
108	豚キムチチャーハン

牛肉

109	肉巻きおにぎり
110	ステーキ丼
112	キンパ
114	肉うどん
115	牛丼
116	ごろごろステーキチャーハン
117	焼き肉丼
118	ビーフカレー
120	牛肉のフォー

ひき肉

122	ガパオ丼
124	スパゲティミートソース
125	ドライカレー

Column

44	味変に！ あると便利な「たれ」
126	肉の選び方と保存の仕方
127	肉の下処理のポイント

この本の決まり

・ 小さじ 1 は 5 ㎖、大さじ 1 は 15 ㎖、1 カップは 200 ㎖です。
・ フライパンは原則としてフッ素樹脂加工のものを使用しました。
・ 電子レンジは 600W のものを使用しました。加熱時間は目安です。
　機種や使用年数により多少の違いがありますので、様子を見て加減してください。
・ 「だし汁」は、かつおと昆布でとったものを使用しました。

1章

使い勝手のよい「3大肉」で

高たんぱく＆低脂質がうれしい「鶏むね肉＆ささみ」、
火通りの早さが助かる「豚薄切り肉」、
お値ごろで買いやすさナンバー1の「ひき肉」。
使い勝手のいい肉で、気軽に作れるレシピを集めました。

鶏むね肉のレモンバターソテー

あっさりむね肉が、レモンの風味とバターのコクで堂々主役に。

材料　2人分

鶏むね肉 … 小2枚(400g)

A │ 白ワイン … 大さじ1
　　│ 塩 … 小さじ1/3
　　│ こしょう … 少々

小麦粉 … 大さじ1
レモン(国産) … 1/2個
バター … 20g
サラダ油 … 小さじ1
ルッコラ(ざく切り) … 適量

作り方

1 鶏肉はフォークで10か所ほど刺して[ⓐ]ボウルに入れ、**A**を加えて汁けがなくなるまでよくもみ込む。

2 レモンは7〜8mm幅の輪切りにし、端は果汁を絞る。

3 **1**の水けをペーパータオルでおさえ、小麦粉を薄くまぶす。

4 フライパンにバターの半量とサラダ油を入れてバターを溶かし、**3**を皮目を下にして並べる。隙間にレモンを並べてふたをし、弱めの中火で8分焼く。レモンは途中で一度、上下を返す。ふたをとって鶏肉の上下を返し[ⓑ]、さらに3分ほど焼く(レモンは途中、鶏肉の上にのせるとよい)。ルッコラとともに器に盛る。

5 フライパンに残った油に残りのバターを加えて弱めの中火にかけ、溶けたら**2**のレモン汁を加える。煮立ったら鶏肉にかける。

---

memo
レモンが焦げやすいので、途中で鶏肉の上にのせて焼くのがおすすめです。

レンジ鶏ハム

電子レンジで気軽に作れる鶏ハム。アレンジも無限大！

材料　作りやすい分量（1本分）

鶏むね肉 … 1枚(250g)

A｜酒 … 大さじ1
　｜砂糖 … 小さじ1/2
　｜塩 … 小さじ1/3

作り方

1. 鶏肉はフォークで10か所ほど刺してボウルに入れ、**A**を加えて汁けがなくなるまでよくもみ込む[**a**]。
2. ラップを広げて**1**を皮目を下にして横長におき、半分に折りたたむようにしてラップで包む[**b**]。さらにラップで包んで二重にし、形を整える。
3. 耐熱皿にのせ、電子レンジで2分30秒、上下を返してさらに2分30秒加熱する。そのまま冷めるまでおき、粗熱が取れたら冷蔵庫で保存する。

アレンジ①
鶏ハムのたたき風

材料と作り方　2人分

1. 鶏ハム1本は7〜8mm厚さの輪切りにして器に盛る。
2. みょうが1個と万能ねぎ3〜4本は小口切りにし、青じそ5枚はせん切りにする。
3. **1**に**2**を散らしてポン酢しょうゆ大さじ1をまわしかけ、白いりごま適量をふる。

アレンジ②
鶏ハムのカプレーゼ風

材料と作り方　2人分

1. 鶏ハム1本とトマト1個は7〜8mm厚さの輪切りに、アボカド1/2個は1cm厚さの半月切りにし、器に交互に重ねて盛る。
2. ボウルにオリーブ油大さじ1/2、レモン汁・しょうゆ各小さじ1、練りわさび小さじ1/2を混ぜ合わせ、**1**にかける。

---

memo　鶏ハムは冷蔵庫で4日ほど保存が可能。おつまみやサラダ、サンドイッチの具などに重宝します。

鶏むね肉・ささみ

鶏ハムのたたき風

鶏ハムのカプレーゼ風

蒸し鶏ねぎソース

ふっくら酒蒸しにしたむね肉に、香りのよいねぎソースをたっぷりと。

材料　2人分

- 鶏むね肉 … 小2枚（400g）
- **A** ｜ 酒 … 1/2カップ
　　｜ 塩 … 少々
- 長ねぎの青い部分 … 100g
- **B** ｜ ごま油 … 大さじ1と1/2
　　｜ 塩、砂糖 … 各小さじ1/3
　　｜ こしょう、花椒（ホワジャオ） … 各少々

作り方

1. 鍋に鶏肉と**A**を入れて中火にかけ、アクが出たらすくう。ふたをして弱火で5分、上下を返して2〜3分、火が通るまで加熱し、粗熱が取れるまでそのままおく。
2. 長ねぎは細かいみじん切り（またはフードプロセッサーで攪拌する）にし、ボウルに入れて**B**と**1**の蒸し汁大さじ1〜2を加え、よく混ぜる。
3. **1**の鶏肉を大きめのひと口大に切って**2**に加え、軽くあえて器に盛る。

---

memo
鶏肉は加熱したあと、しばらくそのままおいておくと、パサつかず、ジューシーに仕上がります。

鶏むね肉・ささみ

鶏むね肉のエスカベッシュ
地中海風の南蛮漬け。常備菜にもおすすめです。

材料　2人分

鶏むね肉 … 大1枚（300g）
オリーブ油 … 大さじ1＋大さじ1
A ┃ 玉ねぎの薄切り … 1/2個分
　　┃ パプリカ（黄）の薄切り … 1/4個分
　　┃ にんじんのせん切り … 1/6本分
白ワイン … 1/2カップ
B ┃ レモン汁 … 1/2個分
　　┃ 塩 … 小さじ1/2
　　┃ こしょう … 少々
小麦粉 … 適量
イタリアンパセリ（飾り用）… 適量

作り方

1 フライパンにオリーブ油大さじ1を中火で熱し、**A**を入れてしんなりするまで2～3分炒める。白ワインを注いで1～2分煮立て、ボウルに移し、**B**を加えて混ぜる。

2 鶏肉は太めのせん切りにして小麦粉をまぶしつけ、オリーブ油大さじ1できつね色になるまで弱めの中火で3～4分、上下を返しながら焼き、**1**のボウルに加えて混ぜる。

3 冷めて味がなじんだら器に盛り、イタリアンパセリを飾る。

memo
鶏肉は太めのせん切りにすることで味が短時間でしみ込み、食べやすくなります。

鶏むね肉と野菜の韓国風炒め

仕上げに削り節を混ぜ込んで、旨みと風味をアップ。

材料　2人分
鶏むね肉 … 1枚(250g)
A ┃ 酒 … 大さじ1/2
　 ┃ 塩、こしょう … 各少々
玉ねぎ … 1/4個
にんじん … 30g
グリーンアスパラ … 4本
サラダ油 … 大さじ1
B ┃ 韓国粉唐辛子(粗びき)、
　 ┃ 　しょうゆ、酒 … 各大さじ1
　 ┃ 砂糖 … 小さじ1
　 ┃ おろしにんにく … 小さじ1/2
削り節 … 1袋(2.5g)

作り方
1. 鶏肉は幅を半分に切ってから、ひと口大のそぎ切りにする[ⓐ]。ボウルに入れ、Aを加えてもみ込む。
2. 玉ねぎは1cm幅のくし形切りに、にんじんはひと口大の短冊に切る。アスパラは根元のかたい皮をむいて4cm長さに切る。Bはよく混ぜる。
3. フライパンにサラダ油を中火で熱し、1と玉ねぎ、にんじんを入れて2分ほど炒める。アスパラを加えてさらに2分炒め、Bを加えて全体になじむまで1分ほど炒める。
4. 削り節をふり、全体を混ぜる。

ⓐ

---
memo
鶏むね肉は繊維を断ち切るようにそぎ切りにすることで、パサつかずやわらかになります。

ささみと夏野菜の冷やし鉢

よく冷やしてだしごといただきたい、さっぱりとした一品。

材料　2人分

鶏ささみ … 4本（200g）
A ┃ 酒 … 大さじ1
　 ┃ 塩 … 小さじ1/4
片栗粉 … 小さじ1
なす … 2本
オクラ … 4本
ミニトマト … 8個
ゆで枝豆 … 30g
B ┃ だし汁 … 1と1/2カップ
　 ┃ みりん … 大さじ1
　 ┃ しょうゆ … 大さじ1/2
　 ┃ 塩 … 小さじ1/3
しょうがの絞り汁 … 小さじ1

作り方

1. ささみは筋を除いてひと口大のそぎ切りにし、ボウルに入れる。Aをもみ込み、ペーパータオルで水けをおさえ、片栗粉を薄くまぶしつける。
2. なすはピーラーで皮をむき、2cm長さに切って水につけ、水から出ないようペーパータオルを落としておく。
3. オクラはガクをぐるりとむき、斜め半分に切る。ミニトマトはヘタを取る。枝豆はさやから出す。
4. 鍋にBを煮立て、1のささみをひと切れずつ離して入れ[a]、弱火にして2分ほど、火が通るまで煮て取り出す。
5. 同じ鍋に水けをきった2を入れ、再び煮立ったら弱火で4分煮て取り出す。
6. 同じ鍋に3を入れ、再び煮立ったら火を止め、しょうが汁を加える。4、5も合わせてボウルにあけ、底を氷水に当てて冷ます。粗熱が取れたら冷蔵庫に入れ、2時間ほどしっかり冷やして味をしみ込ませる。

memo
ささみは片栗粉を薄くまぶしてゆでると、つるんとした食感になります。

ささみの梅しそ巻き焼き
梅と青じその香りが口の中にふわっと広がります。

材料　2人分

鶏ささみ … 4本
A │ 酒 … 小さじ1
　│ 塩 … 少々
梅干し（塩分15%） … 2個
みりん … 小さじ1
青じそ … 4枚
サラダ油 … 小さじ1
酒 … 大さじ1

作り方

1. ささみは観音開きにして肉たたき（またはめん棒）で軽くたたいてのばし、Aを絡める。
2. 梅干しは種を除いて包丁でたたき、みりんを加えて混ぜる。
3. 1を1枚ずつ広げて2を全体に薄く塗り、手前に青じそをのせて巻く。
4. フライパンにサラダ油を熱し、3の巻き終わりを下にして入れ、弱めの中火で2〜3分、さらに向きを変えながら3〜4分焼く。
5. 酒をふってふたをし、弱火で2〜3分蒸し焼きにする。火からおろして粗熱を取り、食べやすい大きさに切って器に盛る。

---
memo
ささみは肉たたきなどでたたいておくと、繊維が断ち切られてやわらかくなります。

ささみのバジルチーズフライ
さけるチーズのムギュッ&とろーり食感がたまらない!

材料　2人分
- 鶏ささみ … 4本
- A
  - 白ワイン … 小さじ1
  - 塩 … 小さじ¼
  - こしょう … 少々
- さけるチーズ … 4本
- バジルの葉 … 8〜12枚
- 小麦粉、溶き卵、パン粉
  … 各適量
- 揚げ油 … 適量
- ベビーリーフ … 適量

作り方
1. ささみは観音開きにして肉たたき(またはめん棒)でたたいてのばし、Aをふってよくもみ込む。
2. 1を1枚ずつ広げてさけるチーズとバジルを等分にのせて包み [a]、手でしっかりにぎって形を整える。
3. 小麦粉を全体にまぶしつけて溶き卵を絡め、パン粉をまぶしてしっかりおさえる。さらに溶き卵→パン粉と二重につける。
4. 中温(180℃)の揚げ油に入れ、2分そのままにして上下を返し、さらに2分ほど揚げて油をきる。器に盛り、ベビーリーフを添える。

＊好みでソースなどをつけてもよい。

---
memo
衣は二重につけるとはがれにくく、サクッと仕上がります。

野菜の肉巻き しば漬けタルタル

カラフルな野菜をたっぷり巻いて。おもてなしにもぴったりの華やかさ。

材料　2人分

豚ロース薄切り肉 … 10枚(150g)
塩、こしょう … 各適量
パプリカ(赤、黄) … 各1/2個
エリンギ … 大1本
ズッキーニ … 6〜7cm
オリーブ油 … 大さじ1/2
酒 … 大さじ1

A しば漬けの粗みじん切り … 20g
　　玉ねぎのみじん切り … 大さじ2
　　マヨネーズ … 大さじ3
　　水 … 小さじ1

作り方

1. パプリカは繊維に沿って縦5mm幅に切る。エリンギ、ズッキーニも同様の太さに切る。
2. 豚肉は縦に5枚、少しずらしながら重ね、塩、こしょう各少々をふる。1の半量を手前にのせ[ⓐ]、手前からしっかりと巻く。同様にもう1本巻く。
3. フライパンにオリーブ油を弱めの中火で熱し、2の巻き終わりを下にして並べ入れる。ふたをして2分焼き、向きを変えながらあと3面それぞれ2分ずつ焼く。
4. ふたをとり、酒をふって転がしながら汁けがなくなるまで焼く。食べやすく切って器に盛り、混ぜ合わせたAを添える。

豚薄切り肉

memo
食感と香りのよいしば漬け入りのタルタルソースは、フライなどにもよく合います。

豚肉とキャベツ、レモンの重ね蒸し

肉の旨みが染みたキャベツが美味。レモンの酸味でさっぱりと。

材料　2人分
豚ロース肉（しゃぶしゃぶ用）… 200g
A｜白ワイン … 大さじ1
　｜塩 … 小さじ1/3
　｜粗びき黒こしょう … 少々
キャベツ … 大4枚（200g）
レモン（国産）… 1/2個
白ワイン … 大さじ1

作り方
1. ボウルに豚肉と**A**を入れ、やさしくもみ込む。
2. キャベツはざく切りにし、レモンは5mm幅の薄切りにする。
3. フライパンに**1**の半量を敷いてレモン、キャベツを半量ずつ重ね、同様にもう1段重ねる［ⓐ］。
4. 白ワインをまわしかけてふたをし、強火で1分、弱めの中火にして5分蒸し煮にする。

memo
フライパンに材料を重ね入れ、白ワインをふって蒸すだけ。油を使わないからヘルシーです。

豚こまのゆかりから揚げ

肉らしい食べごたえはありつつ、やわらか。ゆかりがふわっと香ります。

材料　2人分

- 豚こま切れ肉 … 250g
- **A**
  - 溶き卵 … 1個分
  - 小麦粉 … 大さじ2
  - 酒 … 大さじ1
  - ゆかり（赤じそふりかけ）… 小さじ1
- ピーマン … 1個
- れんこん … 50g
- 揚げ油 … 適量（高さ1cmくらいで大丈夫）

作り方

1. ボウルに豚肉と**A**を入れ、やさしくもみ込む。
2. ピーマンは半分に切ってヘタと種を除き、ひと口大の乱切りにする。れんこんは薄切りにする。
3. フライパンに油を高さ1cmほど注いで中温（180℃）に熱し、**2**を入れ、ピーマンは30秒、れんこんは1〜2分揚げて取り出す。
4. **1**を8等分し、手でにぎって丸める。**3**のフライパンに入れ、弱めの中火で2分揚げ、上下を返してさらに2分揚げる。最後に中火にし、焼き色がついたら油をきる。**3**とともに器に盛る。

---

memo　こま切れ肉をぎゅっとにぎり、ボール状にして揚げます。かたまり肉より火が通りやすく、食感もやわらか。

豚薄切り肉

豚しゃぶのサラダ仕立て

たっぷりの野菜と合わせれば、暑い日もさっぱり食べやすい。

材料 2人分
- 豚肉(しゃぶしゃぶ用) … 150g
- 水菜 … 100g
- ミニトマト … 8個
- 青じそ … 3枚
- パプリカ(黄) … 1/4個
- A
  - 白練りごま … 大さじ2
  - しょうゆ、酢 … 各大さじ1
  - 砂糖、水 … 各小さじ1
  - 塩 … 少々

作り方
1. 水菜は3cm長さに切り、ミニトマトはヘタを取って横半分に切る。青じそは縦半分に切って5mm幅に切り、パプリカは薄切りにする。これらを彩りよく器に敷く。
2. 鍋に湯を沸かし、ごく弱火にして豚肉を1枚ずつ入れてゆで、ざるにあげる。
3. 2が冷めたら、1の上に盛り(大きいものは手でちぎる)、混ぜ合わせたAをかける。

---
memo
肉をゆでるときは、火が弱ければ弱いほどやわらかくゆで上がります。

豚肉となすのおろしあえ

大根おろしでさっぱりといただけます。

材料　2人分

- 豚ロース薄切り肉 … 150g
- **A** │ 酒 … 大さじ1
  　│ 塩 … 少々
- なす … 2本
- 揚げ油 … 適量
- 片栗粉 … 適量
- 大根 … 300g
- ポン酢しょうゆ … 大さじ2
- 七味唐辛子 … 少々

作り方

1. なすは乱切りにし、中温(180℃)の揚げ油で2分ほど揚げる。
2. 豚肉は**A**をもみ込んで片栗粉をしっかりとまぶしつけ、余分な粉をはたいて中温(170℃)の揚げ油で少し色づくまで、2～3分カラリと揚げる。
3. 大根はすりおろしてざるに入れ、汁けをきる。ボウルに**1**と**2**、大根おろしを入れ、ポン酢を加えて軽くあえる。器に盛り、七味唐辛子をふる。

---

memo
肉に片栗粉をまぶしてから揚げると、肉の旨みを逃しません。

豚薄切り肉

豚肉のサテ

ピリ辛のピーナッツだれを絡めた東南アジア風の串焼きです。

材料 10本分
豚肩ロース薄切り肉 … 10枚
サラダ油 … 大さじ1
A│ピーナッツバター … 大さじ2
 │しょうゆ、水 … 各小さじ1
 │豆板醤 … 小さじ1/2

作り方
1 豚肉は1枚ずつ竹串で縫うように刺す。
2 フライパンにサラダ油を中火で熱して1を並べ、火が通るまで3〜4分、ときどき上下を返しながら焼く。
3 混ぜ合わせたAを等分に塗って器に盛る。

---
memo
本来は炭火で焼きますが、フライパンで焼くので煙の量を抑えることができます。

万願寺唐辛子とゴーヤーの肉詰め

みずみずしい夏野菜に、にんにくを効かせた肉だねをたっぷり詰めて。

材料　2人分
豚ひき肉 … 250g
万願寺唐辛子 … 4本
ゴーヤー(太いところ) … 6cm
A ┃ しょうゆ … 大さじ1/2
　┃ 酒 … 小さじ1
　┃ おろしにんにく … 小さじ1/2
　┃ 塩、こしょう … 各少々
小麦粉 … 適量
サラダ油 … 大さじ1

作り方
1　万願寺唐辛子は縦に1本切り目を入れ、種をざっと取り除く。ゴーヤーは5mm幅に切り、わたつきのまま種を除く(わたの中にひそんでいるので、手で押して探すとよい[a])。
2　ボウルにひき肉とAを入れ、よく練り混ぜる。
3　ゴーヤーは2枚1組にして内側になる面に小麦粉を薄くまぶしつけ、2の半量を等分にはさむ。万願寺唐辛子は切り目から残りの2を詰める[b]。
4　フライパンにサラダ油を弱めの中火で熱し、3を並べる。3分焼いて上下を返し、ふたをして2〜3分、火が通るまで焼く。

---
memo
万願寺唐辛子の種は多少残っていてもOK。肉を詰める際、少し破れても大丈夫です。

ハンバーグ

ふっくらジューシー！　赤ワインソースでワンランク上の味わいに。

材料　2人分
- 合いびき肉 … 250g
- サラダ油 … 小さじ1＋小さじ1
- 玉ねぎのみじん切り … 1/2個分
- **A**
  - 卵 … 1個
  - パン粉 … 大さじ3
  - 塩 … 小さじ1/4
  - ナツメグ、こしょう … 各少々
- サラダ菜 … 適量
- **B**
  - 赤ワイン … 大さじ3
  - ソース、トマトケチャップ … 各大さじ1
  - しょうゆ … 小さじ1/2

作り方
1. フライパンにサラダ油小さじ1を熱し、玉ねぎを入れてしんなりするまで2～3分炒め、火からおろして冷ます。
2. ボウルにひき肉と**1**、**A**を入れて[ⓐ]練り混ぜる。手にサラダ油少々(分量外)をつけて2等分にし、キャッチボールのように交互に手のひらに打ちつけて空気を抜く[ⓑ]。小判形に整え、中央を少しくぼませる。
3. フライパンにサラダ油小さじ1を熱し、**2**を並べ入れて弱めの中火で3～4分、上下を返して3～4分焼く。器に盛り、サラダ菜を添える。
4. **3**のフライパンに残った油が多ければペーパータオルで吸い取り、**B**を入れてひと煮立ちさせる。弱火にし、少しとろみがついたら**3**のハンバーグにかける。

---
memo
手早く作業を行うと、手の体温で肉の脂を溶かすことがなく、肉の旨みを逃しません。

メンチカツ

これぞメンチカツという食感と肉の旨みが最高！

材料　2人分
- 合いびき肉 … 250g
- **A**
  - 玉ねぎの粗みじん切り … 1/2個分
  - 卵 … 1個
  - パン粉 … 大さじ3
  - 塩 … 小さじ1/4
  - ナツメグ、こしょう … 各少々
- 小麦粉、溶き卵、パン粉 … 各適量
- 揚げ油 … 適量

作り方
1. ボウルにひき肉とAを入れて練り混ぜ、4等分してそれぞれ平たい丸形に整える。
2. 小麦粉を全体にまぶしつけて溶き卵を絡め、パン粉をまぶしてしっかりおさえる。さらに溶き卵→パン粉を二重につけ、中温(170℃)の揚げ油で3〜4分揚げる。好みでソース(分量外)をかけていただく。

＊衣をつけるとき、溶き卵とパン粉を二重につけると肉汁が出にくくなってきれいに仕上がる。

---

memo
ザクザクした玉ねぎの食感もポイントなので、炒めずに加えます。

ひき肉

鶏ひき肉ときゅうりの梅みそ炒め
梅の酸味にみそのコク、きゅうりのシャキッとした食感も◎。

材料　2人分
- 鶏ひき肉 … 200g
- きゅうり … 2本
- 梅干し（塩分15％） … 1個
- A｜酒 … 大さじ1
　　｜みそ … 大さじ1/2
- サラダ油 … 大さじ1/2

作り方

1 きゅうりは皮を縞目にむき、縦半分に切って種をスプーンなどで除き、斜め4cm幅に切る。

2 梅干しは種を除いて包丁でたたき、**A**と合わせる。

3 フライパンにサラダ油を中火で熱し、ひき肉を入れ、ほぐしながら2〜3分炒める。火が通ってきたら**1**を加えて強めの中火で1分炒め、**2**を加えてきゅうりの緑色が鮮やかになるまで手早く炒め合わせる。

---
memo
きゅうりは種をスプーンで除いて炒めるとシャキッ、パリパリッと仕上がります。

ベトナム風揚げ春巻き

たっぷりの葉野菜やハーブといっしょにいただきます！

材料　2人分
豚ひき肉 … 120g
きくらげ(乾燥) … 5g
春雨(乾燥) … 10g
A｜おろしにんにく … 小さじ1/3
　｜オイスターソース、酒
　｜　… 各小さじ1
　｜片栗粉 … 小さじ1/2
　｜塩、砂糖、粗びき黒こしょう
　｜　… 各少々
万能ねぎの小口切り … 20g
ライスペーパー … 6枚
揚げ油 … 適量
B｜青じそ、サニーレタス、
　｜　香菜、ミント … 各適量
C｜ナンプラー、水、酢 … 各大さじ1
　｜砂糖 … 小さじ1
　｜一味唐辛子、塩 … 各少々

作り方

1　きくらげと春雨はそれぞれ水につけてもどす。きくらげは粗みじん切り、春雨は短めに刻む。

2　ボウルにひき肉と**A**を入れて練り混ぜる。万能ねぎと**1**も加えて混ぜ、12等分にする。

3　ライスペーパーはキッチンばさみで半分に切ってから水にくぐらせ[ⓐ]、絞ったふきんの上に置く。**2**を手前にのせ、両端を折りたたんで巻く[ⓑ]。同様にして12個作る。

4　低温(160℃)の揚げ油に**3**を重ならないように入れ、そのまま動かさずに1〜2分、静かに上下を返してさらに2分ほど揚げる。最後にやや火を強め、1〜2分揚げて取り出す。

5　器に盛り、**B**をそれぞれ食べやすい大きさに切って添える。**B**に揚げ春巻きをのせて巻き、**C**を合わせたたれをつけていただく。

memo
揚げている途中で破裂しやすいので、最初は低温の油で動かさないようにして火を通すのがコツ。

れんこんのひき肉はさみ焼き

しょうが風味の肉と甘辛のしょうゆだれが食欲をそそります。

材料　2人分
鶏ひき肉…200g
A │ おろししょうが、片栗粉、酒
　　　…各小さじ1
　│ しょうゆ…小さじ1/3
　│ 塩、こしょう…各少々
れんこん…150g
小麦粉…適量
サラダ油…小さじ1
B │ しょうゆ、酒
　　　…各大さじ1と1/2
　│ 砂糖…大さじ1

作り方
1. ボウルにひき肉とAを入れて練り混ぜる。
2. れんこんは皮をむいて7～8mm厚さの輪切り(12枚)にする。
3. 2を2枚1組にし、内側になる面に小麦粉を薄くまぶしつけ、1を少し押しつけるようにして等分にはさむ。
4. フライパンにサラダ油を熱して3を並べ、弱めの中火で片面2～3分ずつ焼く。混ぜ合わせたBを注いで弱火にし、ほとんど汁がなくなって照りが出るまで絡める。

---
memo
れんこんに小麦粉をふるのは、肉だねがはがれないようにするためです。

ひき肉

塩つくねのおろしのせ
香味野菜を混ぜた大根おろしでさっぱりと。

材料　2人分
- 鶏ひき肉 … 250g
- 玉ねぎのみじん切り … 1/4個分
- A
  - 酒 … 大さじ1
  - 片栗粉、おろししょうが … 各小さじ1
  - 塩 … 小さじ1/4
  - こしょう … 少々
- サラダ油 … 小さじ1
- 大根 … 200g
- 塩 … 小さじ1/4
- 青じそのせん切り … 3枚分
- みょうがの小口切り … 1個分

作り方
1. ボウルにひき肉と玉ねぎ、Aを入れて練り混ぜ、6等分にする。手にサラダ油少々(分量外)をつけて、それぞれ小判形に整える。
2. フライパンにサラダ油を熱して1を並べ、弱めの中火で2〜3分、焼き色がついたら上下を返してさらに2〜3分焼いて器に盛る。
3. 大根はすりおろしてざるにあげ、ボウルに入れて塩、青じそ、みょうがを加えて混ぜ、2にのせる。

---
memo
ひき肉を成形するとき、手に油をつけるとベタベタとくっつきません。

なすのミートグラタン

なすが肉の旨みを吸ってジューシー。

材料　2人分

- 牛ひき肉 … 300g
- オリーブ油 … 小さじ1＋大さじ4
- にんにくのみじん切り … 1かけ分
- 玉ねぎのみじん切り … 1/2個分
- 赤ワイン … 1/2カップ
- トマト水煮缶 … 1/2缶(200g)
- **A** 　水 … 1/2カップ
　　　塩 … 小さじ2/3
　　　ナツメグ、こしょう … 各少々
- なす … 3本
- 塩 … 少々
- ピザ用チーズ … 30g

作り方

1. フライパンにオリーブ油小さじ1とにんにく、玉ねぎを入れて弱火で熱し、玉ねぎがしんなりするまで炒める。ひき肉を加えて中火にし、肉の色が少し変わるまで3〜4分炒めて赤ワインを注ぎ、半量まで煮詰める。
2. トマト缶を加え、木べらでトマトをつぶす。**A**を加え、とろみがつくまで5〜6分煮る。
3. なすはヘタを切り落とし、縦7〜8mm厚さに切って塩をふる。別のフライパンにオリーブ油大さじ4を熱し、なすを入れて3〜4分、両面に焼き色がつくまで焼き、ペーパータオルにのせて油をきる。
4. 耐熱容器に2と3を交互に重ね、チーズをのせてオーブントースターで焼き色がつくまで5〜6分焼く。

---

memo
ひき肉に赤ワインを注いで半量まで煮詰めるのが旨みアップのポイント。

肉だんごの甘酢あん

ごはんのおかずはもちろん、お弁当にも大人気！

材料　2人分

豚ひき肉 … 300g

A
- 長ねぎのみじん切り … 1/3本分
- 水、酒 … 各大さじ1と1/2
- 片栗粉 … 大さじ1/2
- おろししょうが、しょうゆ
  … 各小さじ1
- 塩、こしょう … 各少々

揚げ油 … 適量

B
- 水 … 1/2カップ
- 酢、トマトケチャップ
  … 各大さじ1
- しょうゆ … 小さじ1
- 片栗粉 … 大さじ1/2
- ごま油、鶏がらスープの素(顆粒)、
  砂糖 … 各小さじ1/2
- 塩 … 少々

作り方

1. ボウルにひき肉とAを入れてよく練り混ぜ、8〜10個のボール状に丸める。
   * 手にサラダ油少々をつけると成形しやすい。

2. 低温(160℃)の揚げ油に1を入れ、4〜5分ゆっくり揚げる。最後に温度を上げて(170℃)表面がきつね色になるまで揚げ、油をきって器に盛る。
   * 温度を上げすぎると割れやすいので注意！

3. 小鍋にBを入れて火にかけ、とろみがつくまで混ぜながら煮る。2にかけていただく。

memo
肉だんごをふっくら仕上げるコツは、肉だねの中に水分をもみ込むこと。

ロールキャベツ

キャベツと玉ねぎの甘み、肉の旨みが合体!

材料　2人分
- 合いびき肉 … 200g
- サラダ油 … 小さじ½
- 玉ねぎのみじん切り … ½個分
- **A**
  - 白ワイン … 大さじ1
  - 塩 … 小さじ¼
  - こしょう … 少々
- キャベツ … 大4枚
- **B**
  - 水 … 1と½カップ
  - コンソメ(顆粒) … 小さじ1
  - 塩 … 小さじ½
  - こしょう … 少々
  - ローリエ … 1枚

作り方

1. フライパンにサラダ油を熱し、玉ねぎをしんなりするまで2～3分炒めて冷ます。
2. 鍋にたっぷりの湯を沸かしてキャベツを入れ、しんなりするまでゆでて芯をそぐ。そいだ芯はみじん切りにする。
3. ボウルにひき肉と**1**、**A**、キャベツの芯を入れて練り混ぜる。
4. キャベツを1枚ずつ広げて**3**のたねを手前に等分にのせ、片側を内側に折り込んでくるりと巻き、開いたままの片側を中心にぎゅっと入れ込んで包む。
5. 別の鍋に**B**を入れて火にかけ、煮立ったら**4**を入れ、落としぶたをして弱火で20分ほど煮る。

---

memo
キャベツの葉が小さい場合は、二重に巻くと肉だねが飛び出すのを防げます。

トマトの肉詰め

トマトカップが肉の旨みを受けとめてくれます。

ひき肉

材料　2人分
合いびき肉 … 200g
玉ねぎのみじん切り … 1/4個分
A ┃ 酒 … 大さじ1
　 ┃ ナンプラー … 大さじ1/2
　 ┃ おろしにんにく … 小さじ1/2
　 ┃ 黒こしょう … 小さじ1/3
トマト … 3個
サラダ油 … 小さじ1
B ┃ 水 … 1カップ
　 ┃ ナンプラー … 大さじ1
　 ┃ 砂糖 … 少々

作り方

1 ボウルにひき肉と玉ねぎ、**A**を入れて練り混ぜる。

2 トマトはヘタ（緑の部分だけ）を取って半分に切り、スプーンで中をくりぬいてトマトカップにし、中身は粗く刻む。

3 **2**のトマトカップに**1**を等分に詰める。フライパンにサラダ油を熱し、肉の面を下にして並べ、中火で2〜3分焼く。上下を返して**B**と**2**の中身を加えてふたをし、弱めの中火で5〜6分、焦げないように注意しながら煮る。

---

memo
トマトカップに肉だねを詰めたら、肉の面から香ばしく焼きつけます。

味変に！ あると便利な「たれ」

味つけがばっちり決まった「たれ」があると、焼いたり、ゆでた肉にかけるだけでパパッと一品でき上がり。いつもの料理の味変にも活躍します。レシピはおよそ1回分。いずれも冷蔵で1週間ほど保存が可能なので、倍量作って保存しておくのもおすすめです。

梅だれ

材料と作り方　作りやすい分量
梅干し（塩分15％）2個は種を除いて包丁でたたき、みりん・水各大さじ1と混ぜる。
牛しゃぶしゃぶ（→p.71）に／
蒸し鶏（→p.14）のねぎソース代わりに

みそだれ

材料と作り方　作りやすい分量
耐熱容器にみそ・水各大さじ2、酒・みりん・黒すりごま各大さじ1を入れて混ぜ、ラップをかけずに電子レンジで1分加熱する。
とんかつ（→p.67）に／
ハンバーグ（→p.32）の赤ワインソース代わりに

ピリ辛だれ

材料と作り方　作りやすい分量
しょうゆ大さじ2、酢大さじ1、砂糖・豆板醤各小さじ1/2、おろしにんにく小さじ1/3を混ぜ合わせる。
ポークソテーに／肉炒めの味つけに

香味ポン酢だれ

材料と作り方　作りやすい分量
みょうが1個、しょうが1かけ、青じそ3枚はすべて粗みじん切りにし、ポン酢しょうゆ大さじ4と混ぜ合わせる。
冷しゃぶに／牛たたき（→p.70）に

2章

気分が上がる！毎日の肉おかず

毎日のごはんにはもちろん、お酒のアテや
おもてなしにも役立つバラエティ豊かな肉おかず。
肉料理が登場すると、食卓がわあっと盛り上がります。
最近疲れぎみ、スタミナ不足を感じたときにもおすすめですよ。

鶏もも肉のフレッシュトマト煮

トマトの酸味がさわやか。ワインがほしくなる一品です。

鶏肉（もも）

材料　2人分

鶏もも肉 … 大1枚（約350g）
塩、こしょう … 各少々
にんにく … 1かけ
玉ねぎ … 1/2個
トマト … 2個
ズッキーニ … 1/2本
オリーブ油 … 大さじ1
A │ 白ワイン … 1/4カップ
　│ 塩 … 小さじ1/2
　│ こしょう、バジル（乾燥）
　│ 　… 各少々

作り方

1　鶏肉は筋を切って大きめのひと口大に切り、塩、こしょうをもみ込む。

2　にんにくと玉ねぎは粗みじん切り、トマトは乱切り、ズッキーニは5mm幅に切る。

3　フライパンにオリーブ油を中火で熱し、**1**を皮目を下にして並べる。片面2〜3分ずつ焼き、にんにくと玉ねぎを加えて軽く炒め合わせる。しんなりしたらズッキーニを加えて軽く炒め合わせ、**A**とトマトを加え［**ⓐ**］、ときどき混ぜながら7〜8分煮る。

memo
鶏肉は筋を切っておくと、焼き縮みを防いでくれます。

ヤンニョムチキン

ピリ辛&甘じょっぱさがクセになる韓国風から揚げ。

材料　2人分

鶏もも肉 … 2枚(約600g)
A ┃ 卵 … 1個
　 ┃ 小麦粉 … 大さじ2
　 ┃ 塩 … 小さじ1/4
　 ┃ こしょう … 少々
揚げ油 … 適量
B ┃ コチュジャン … 大さじ2
　 ┃ はちみつ、しょうゆ
　 ┃ 　… 各大さじ1
　 ┃ にんにくのすりおろし
　 ┃ 　… 小さじ1/3
　 ┃ ごま油 … 少々

作り方

1. 鶏肉は大きめのひと口大に切ってボウルに入れ、**A**をもみ込む。
2. 中温(170℃)の揚げ油で3〜4分揚げ、最後に温度を上げ(180℃くらい)、きつね色になるまで2分ほど揚げて油をきる。
3. ボウルに**B**を合わせ、**2**を加えて絡める。

---

memo
最初に中まで火が通るように中温で揚げ、最後に温度を上げてカラリと揚げます。

鶏肉（もも）

鶏塩じゃが
定番の肉じゃがも、鶏肉＆塩味ならさっぱり、新鮮！

材料　2人分
- 鶏もも肉 … 大1枚(約350g)
- じゃがいも … 3個
- にんじん … 1/2本
- 玉ねぎ … 1/2個
- ごま油 … 大さじ1/2
- A
  - 水 … 1と1/2カップ
  - みりん … 大さじ2
  - 塩 … 小さじ1/2
  - こしょう … 少々

作り方
1. 鶏肉は大きめのひと口大に切る。
2. じゃがいもは1個を3〜4等分ずつに切り、にんじんは太いところは厚めのいちょう切り、細いところは2cm厚さの半月切りに、玉ねぎは1cm幅のくし形切りにする。
3. フライパンにごま油を熱して1を皮目を下にして並べ、中火で2〜3分、上下を返して2分ほど焼く。2を加えて炒め合わせ、Aを加える。
4. アクが出たらすくい、落としぶたをして弱めの中火にする。じゃがいもに火が通り、少し煮汁が煮詰まるまで8〜10分煮る。

---
memo
鶏肉は最初に表面を焼いて余分な脂を出し、旨みを閉じ込めてから煮ます。

チキン南蛮

甘ずっぱいたれとタルタルソースの相性抜群！

鶏肉（もも）

材料　2人分
鶏もも肉 … 2枚（約600g）
A
- 卵 … 1個
- 小麦粉 … 大さじ2
- 塩 … 小さじ1/3
- こしょう … 少々

揚げ油 … 適量

B
- ポン酢しょうゆ … 大さじ2
- 砂糖 … 小さじ1

C
- ゆで卵の粗みじん切り … 2個分
- 万能ねぎの小口切り … 20g
- マヨネーズ … 大さじ4
- 酢 … 大さじ1/2
- 塩、こしょう … 各少々

作り方
1. 鶏肉は筋を切ってボウルに入れ、**A**を加えてもみ込む[**a**]。
2. 中温（170℃）の揚げ油で6～7分揚げ、最後に少し温度を上げ（180℃）、カラリと揚げる。油をきり[**b**]、熱いうちに合わせた**B**を絡め、全体に味をしみ込ませる。
3. **C**をよく混ぜ合わせ、**2**にかける。

a

b

memo
肉を揚げたらすぐに甘酢だれをさっと絡ませるのがおいしく仕上げるコツ。

鶏もも肉のクリーム煮

フライパンひとつでできるのでとっても簡単！

材料　2人分

鶏もも肉 … 2枚（約600g）
A ｜ 塩 … 小さじ 1/3
　｜ こしょう … 少々
玉ねぎ … 1/2 個
エリンギ … 大1本
えのきたけ … 小1パック（100g）
B ｜ バター … 20g
　｜ サラダ油 … 大さじ 1/2
小麦粉 … 大さじ2
白ワイン … 1/3 カップ
C ｜ 生クリーム … 1/2 カップ
　｜ 塩 … 小さじ 1/2
　｜ こしょう … 少々

作り方

1. 鶏肉は4～6等分に切ってAをふる。玉ねぎは薄切り、エリンギは長さを半分に切ってそれぞれ6等分の棒状に切る。えのきたけは根元を除き、長さを半分に切ってほぐす。

2. フライパンにBを入れて火にかけ、焦がさないようにバターを溶かす。1の鶏肉を皮目を下にして並べ、弱めの中火で3～4分、上下を返して2～3分焼く。

3. 残りの1を加えて炒め合わせ、全体がしんなりしたら小麦粉をふって2分ほど炒める。白ワインを注ぎ、ときどき混ぜながら水分がほとんどなくなるまで煮詰める。Cを加え、とろっとするまで2～3分煮る。

---

memo
別にホワイトソースを作らなくても、小麦粉を加えるだけでとろみが出ます。

鶏肉(もも)

よだれ鶏

風味豊かなピリ辛のソースが決め手です。

材料　2人分

鶏もも肉 … 2枚（約600g）
A │ 酒 … 1/2カップ
　 │ 塩 … 少々
セロリ … 1/2本
きゅうり … 1本
B │ 具入りラー油 … 大さじ2
　 │ しょうゆ … 大さじ1
　 │ 酢 … 小さじ1
　 │ おろしにんにく … 小さじ1/3
　 │ 砂糖、花椒(ホワジャオ) … 各少々

作り方

1. 鶏肉は筋を切り、余分な脂を除く。鍋に鶏肉とAを入れて中火にかけ、煮立ったらアクをすくい、ふたをして5分、上下を返して3〜4分、火が通るまで蒸す。火からおろしてそのまま粗熱が取れるまでおく。
2. セロリは筋を取り、きゅうりとともにピーラーでリボン状にむき、器に広げて敷く。
3. 1の鶏肉を食べやすい大きさに切って2にのせ、混ぜ合わせたBをかける。

---

memo

蒸し煮にするとき、しょうがの薄切りや長ねぎの青い部分をひねって入れるとさらにおいしくなります。

鶏肉（骨つき）

バターチキンカレー

スパイシーな中にもコクと旨みが味わえる絶品カレーです。

材料　2人分

鶏骨つき肉（ぶつ切り）… 500g

A
- ヨーグルト（プレーン）… 大さじ3
- カレー粉 … 大さじ1と$\frac{1}{2}$
- おろしにんにく、おろししょうが … 各1かけ分
- 塩 … 小さじ$\frac{1}{2}$

バター … 20g

トマト水煮缶 … $\frac{1}{2}$缶（200g）

B
- 生クリーム … $\frac{1}{2}$カップ
- 塩 … 小さじ$\frac{1}{3}$
- こしょう … 少々

ナン（市販）… 2枚

作り方

1. ポリ袋に混ぜ合わせたAと鶏肉を入れて口を閉じ［ⓐ］、2時間〜ひと晩冷蔵庫におく。
   * ポリ袋は二重にしておくと安心。
2. フライパンにバターを溶かして1を汁ごと入れ、焦げないように弱めの中火で3〜4分、上下を返しながら焼く。
3. トマト缶を加えて［ⓑ］木べらでトマトをつぶし、ときどき混ぜながら3〜4分煮る。Bを加えて軽く煮、器に盛ってナンを添える。

ⓐ

ⓑ

memo
ヨーグルトの乳酸の働きで肉がやわらかくなるので、しっかり下味をつけて。

水炊き

骨つきの鶏肉から出たエキスが味のベースに。

材料　2人分

- 鶏骨つき肉（ぶつ切り）… 500g
- **A** ｜ 塩 … 小さじ1/2
   ｜ 酒 … 大さじ2
- 長ねぎ … 1本
- 水菜 … 100g
- **B** ｜ 水 … 5カップ
   ｜ 酒 … 1/2カップ
   ｜ 塩 … 小さじ2/3
   ｜ こしょう … 少々
- にんにく（半分に切る）… 2かけ
- しょうが（薄切り）… 1かけ

作り方

1. 鶏肉に**A**をもみ込んで30分ほどおき、ペーパータオルで水けをおさえる。長ねぎは4cm長さ、水菜は5〜6cm長さに切る。
2. 土鍋に**B**を入れて火にかけ、煮立ったら鶏肉を入れ、にんにくとしょうがを加える。再び煮立ったらアクをすくい、弱火にして30分煮る。
3. 長ねぎを加えてさらに10分煮、最後に水菜を加える。

---

memo
鍋汁が煮立ったところに鶏肉を入れ、弱火でじっくり煮ます。

鶏肉（骨つき・鶏皮）

鶏皮のパリパリせんべい
安い、簡単、うまいの三拍子そろった一品。

材料　2人分
鶏皮 … 100g
片栗粉 … 適量
揚げ油 … 適量
塩、青のり … 各適量

作り方
1　鶏皮は1枚を4等分に切る。片栗粉をまんべんなくまぶしつけ、余分な粉をはたき、中温（170℃）の揚げ油で4〜5分、カリッとするまで揚げる。
2　熱いうちに塩と青のりをふる。

memo
やわらかい鶏皮ですが、片栗粉をつけて揚げるとパリパリに揚がります。

手羽元とゆで卵の酢煮

肉にもゆで卵にもしっかり味がしみ込んで、絶品。

材料　2人分
鶏手羽元 … 8本
にんにく … 1かけ
A │ 水 … 2カップ
　│ しょうゆ、砂糖、黒酢
　│ 　… 各大さじ2
ゆで卵 … 2個

作り方

1. 手羽元はさっと洗ってペーパータオルで水けをおさえる。にんにくは縦半分に切って芯を取る。

2. 鍋に手羽元を入れて**A**を順に入れ[ⓐ]、にんにくも加えて中火にかける。煮立ったらアクをすくい、弱火にして15分煮る。

3. ゆで卵を入れて火からおろし、そのまま冷まして味をしみ込ませる。食べるときに再び火にかけて温める。

＊時間がないときは、ゆで卵を入れてから1分煮て火を止めるとよい。

鶏肉（手羽元）

memo
肉はさっと洗って、汚れや肉から出た汁（ドリップ）を落とします。

手羽先揚げ

ピリリときいたこしょうが味の決め手です。

材料 12本分

鶏手羽先 … 12本
小麦粉 … 適量
揚げ油 … 適量

A │ しょうゆ … 大さじ2
  │ はちみつ … 大さじ1
  │ こしょう … 小さじ1
  │ 塩 … 少々

白いりごま … 大さじ1/2

作り方

1 手羽先はフォークで10か所ほど刺し、水けをペーパータオルで拭いて小麦粉をまぶす。中温(170℃)の揚げ油で、ちょっと乾いた感じのきつね色になるまで10〜12分、じっくり揚げて油をきる。

2 バット(またはボウル)に**A**を混ぜ合わせ、**1**を加えて絡め、ごまをふる。

---

memo
肉はフォークで刺して穴をあけることで、縮みにくく火が通りやすくなります。

鶏肉（手羽先・手羽元）

タンドリーチキン

スパイス入りのヨーグルトでマリネして、やわらか＆風味よく。

材料　2人分
鶏手羽元 … 8本
A
- ヨーグルト … 1/2カップ
- カレー粉 … 大さじ1
- 塩 … 大さじ1/2
- トマトケチャップ、パプリカパウダー、おろししょうが … 各小さじ1
- おろしにんにく … 小さじ1/2

作り方
1. 手羽元はフォークで10か所ほど刺す。ボウルにAを合わせ、手羽元を入れて2時間〜ひと晩、冷蔵庫で漬け込む。
2. 熱したグリル（または焼き網）に並べ、弱めの中火で8〜10分焼く。焦げやすいので注意して。

---
memo
漬け込み液にヨーグルトを加えて肉をやわらかくし、しっかりと味をしみ込ませます。

豚肉のダブルしょうが焼き

せん切りとすりおろし、2種類のしょうがで食感と香りを存分に楽しみます。

材料　2人分
豚しょうが焼き用肉 … 6枚(240g)
小麦粉 … 大さじ1
しょうが … 1かけ(15g)
A │ 酒、しょうゆ … 各大さじ1
　 │ はちみつ … 大さじ1/2
　 │ 塩 … 少々
玉ねぎ … 1/2個
サラダ油 … 大さじ1/2
キャベツのせん切り … 適量

作り方

1 しょうがは半量をせん切りにし、残りはすりおろす[ⓐ]。合わせてAと混ぜる。

2 豚肉は筋を切って肉たたき(またはめん棒)で軽くたたき、片面に茶こしで小麦粉を薄くまぶしつける[ⓑ]。

3 玉ねぎは繊維を断つように横1cm幅に切る。

4 フライパンにサラダ油を中火で熱し、**2**を粉をつけた面を下にして並べ、隙間に玉ねぎを入れる。強めの中火で30秒焼き、上下を返してさらに30秒焼く。玉ねぎはざっと炒める。

5 **1**を加えて全体に照りが出るまで1分ほど手早く絡める。器に盛り、キャベツを添える。

豚肉(しょうが焼き用)

memo
豚肉は粉をふって味をしっかり絡ませます。両面にふると重たくなってしまうので、片面だけでOK。

スペアリブ

レモンを絞って、豪快にかぶりつきたい！

材料　2人分
- スペアリブ … 8本（約600g）
- **A**
  - マーマレード … 大さじ2
    - ＊いちごジャムかはちみつ大さじ1でもよい。
  - しょうゆ … 大さじ2
  - トマトケチャップ、酒 … 各大さじ1
  - おろししょうが、ウスターソース … 各大さじ1/2
  - おろしにんにく … 小さじ1/2
  - 塩、こしょう … 各少々
- レモン … 1/2個

作り方

1 スペアリブは味がしみるように2〜3か所切り込みを入れる。混ぜ合わせたAとともにポリ袋に入れ、3時間〜ひと晩、冷蔵庫におく。

2 グリル（または焼き網）で焦がさないように注意しながら、片面5〜7分ずつ中火で焼く。
＊厚みによって焼き時間がかなり変わるので、様子を見ながら焼くこと。

3 器に盛り、レモンを添える。

---

memo
マーマレードのおかげで、甘ずっぱさと照りが加わります。

豚肉（スペアリブ・ロース）

豚天

ふんわり、サクッとした衣が自慢の一品。

材料　2人分

豚ロース肉（とんかつ用）… 2枚
A ｜ 酒 … 小さじ1
　｜ 塩 … 小さじ1/4
　｜ こしょう … 少々
小麦粉 … 大さじ1
B ｜ 水 … 大さじ2
　｜ 小麦粉 … 大さじ6
　｜ 溶き卵 … 1個分
　｜ 塩 … 少々
揚げ油 … 適量
青じそ … 適量

作り方

1. 豚肉は好みで脂身を除き、3〜4等分のそぎ切りにする。ボウルに入れてAをもみ込み、10分ほどおく。
2. ペーパータオルで1の水けをおさえ、小麦粉を薄くまぶしつける。
3. Bを加えてよく混ぜ、中温（170℃）の揚げ油で3分ほど揚げて油をきる。器に盛り、青じそを添える。

---
memo
ここではとんかつ用の肉を使いましたが、バラ肉やこま切れ肉などでもおいしく作れます。

シュニッツェル

薄くのばした肉に、細かく砕いたパン粉をつけて揚げ焼きに。

材料　2人分

- 豚ロース肉（とんかつ用）… 2枚
- **A** │ 塩 … 小さじ1/2
  │ こしょう … 少々
- 小麦粉、溶き卵、パン粉（細粒）… 各適量
- バター … 20g
- サラダ油 … 1/2カップ
- バター（仕上げ用）… 20g
- レモン … 1個

作り方

1 豚肉は好みで脂身を除き、肉たたき（またはめん棒）で2〜3倍になるまで薄くのばす。

2 1にAをふり、小麦粉、溶き卵、パン粉を順につける。フライパンにバターとサラダ油を合わせて弱めの中火で熱し、温まったら（パン粉を入れてジュッとなったら）きつね色になるまで片面2分くらいずつ揚げて油をきる。

＊パン粉はソースかつ丼（p.103参照）と同様に、フードプロセッサー（またはミキサー）で細かくしたものを使う。

3 器に盛り、半分に切ったレモンを添えて仕上げ用のバターを落とす。

---

memo

揚げ焼きにするので少ない油で大丈夫。バターの風味が肉の味を引き立てます。

豚肉（ロース）

とんかつ

豚肉料理の代表選手。下処理が成功の決め手です。

材料　2人分
豚ロース肉（とんかつ用）… 2枚
A ｜ 塩 … 小さじ1/4
　 ｜ こしょう … 少々
小麦粉、溶き卵、パン粉 … 各適量
揚げ油 … 適量
キャベツのせん切り … 2枚分
とんかつソース … 適量

作り方
1. 豚肉は筋を切って肉たたき（またはめん棒）でたたいてやわらかくし、形を整えてAをふる。
2. 小麦粉、溶き卵、パン粉を順につけ、中温（170℃）の揚げ油で3～4分、ときどき上下を返しながら揚げる。
3. 器に盛ってキャベツを添え、ソースをかけていただく。

---
memo
肉は赤身と脂身の境目の筋を切っておくと、揚げたときに反り返る心配がありません。

塩豚
肉の奥まで塩味がしみ込んで美味！

材料　2人分
- 豚ももかたまり肉 … 500g
- 塩 … 大さじ1と1/2
- A｜長ねぎの青い部分 … 1本分
　　｜しょうがの薄切り … 1かけ分
- 大根 … 400g
- B｜塩 … 小さじ1/3
　　｜酢 … 小さじ1
- えごまの葉 … 10枚

作り方
1. 豚肉に塩をすり込み、ポリ袋に入れて冷蔵庫でひと晩おく（2〜3日おいてもよい）。
2. 1を袋から出して水で洗い、鍋に入れる。かぶるくらいの水とAを入れて（長ねぎはぎゅっとひねる）火にかけ、煮立ったらアクをすくい、ごく弱火で50〜60分煮る。火からおろし、そのまま冷ます。
   * 肉が煮汁から顔を出す場合は落としぶたをする。最後に竹串を刺して抜いたとき、赤い汁が出てこなければOK。
3. 大根はピーラーで薄切りにしてボウルに入れ、Bを加えて手でもみ、水けを絞る。2の肉を取り出して食べやすい厚さに切り、器に盛る。大根とえごまの葉を添える。

---
memo　肉に塩をまぶしておくと、脱水効果で水分が抜けてぐっと身が締まります。

豚肉（もも・ヒレ）

豚ヒレのピカタ
卵の衣をまとった豚肉が、やわらかくて食べやすい。

材料　2人分
- 豚ヒレ肉 … 250g
- A
  - 白ワイン … 大さじ1/2
  - 粒マスタード、塩 … 各小さじ1/3
  - こしょう … 少々
- 小麦粉 … 適量
- 溶き卵 … 1個分
- サラダ油 … 大さじ1
- グリーンリーフ … 適量

作り方
1. 豚肉は1cm厚さに切り（8～10切れ）、肉たたき（またはめん棒）で軽くたたいて形を整え、Aを絡める。小麦粉を薄くまぶしつけ、溶き卵にくぐらせる。
2. フライパンにサラダ油を熱して1を並べ、弱めの中火で2～3分焼く。上下を返してさらに2分ほど焼く。
   * 卵が余った場合は、片面1分ずつ乾かすように焼いて、残った卵液に再び絡めて焼くとよい。
3. 器に盛り、グリーンリーフを添える。

---
memo
豚ヒレ肉は脂肪分が少ないのにやわらかい。さらにたたいてやわらかく仕上げます。

牛たたき
失敗なしで作れて、おもてなしにも最適！

材料　2人分
- 牛もも肉(たたき用) … 250g
- A | 塩 … 小さじ1/4
　　 | こしょう … 少々
- サラダ油 … 大さじ1/2
- 玉ねぎ … 1/4個
- 貝割れ菜 … 1/2パック
- みょうが … 1個
- わさび … 適量
- しょうゆ … 大さじ1

作り方
1. 牛肉にAをすり込む。フライパンにサラダ油を熱し、牛肉を入れて2分ずつ向きを変えながら焼き、氷水に取る。ペーパータオルで水けを取り、食べやすい厚さに切る。
2. 玉ねぎは薄切りにし、貝割れ菜は根元を切り落とし、みょうがは斜め薄切りにする。合わせてよく混ぜ、器に広げて敷く。1を並べ、すりおろしたわさびをのせる。肉で下の野菜を包み、しょうゆをつけていただく。

---
memo
牛もも肉は脂身が少なくヘルシー。しかも水分を多く含んでいる部位なのでさっぱりしています。

牛肉（もも・しゃぶしゃぶ用）

牛しゃぶしゃぶ

突然の来客でもすぐに作れます。たれは市販のごまだれなどでも OK。

材料　2人分
- 牛肉（しゃぶしゃぶ用）… 200g
- えのきたけ … 100g
- レタス … 200g
- 春菊 … 50g
- 大根おろし … 適量
- ポン酢しょうゆ … 適量

作り方
1. えのきたけは根元を除いてほぐす。レタスは手で大きくちぎり、春菊はやわらかい葉を摘む。
2. 鍋に湯を沸かし、**1**と牛肉を好みの量ずつ入れ、さっと煮る。大根おろしとポン酢でいただく。

---
memo
鍋の湯に酒や昆布を入れると、肉のくさみが除かれ、だしが出るのでよりおいしくなります。

グヤーシュ

ハンガリーの代表的な煮込み料理です。

材料　2人分

- 牛肉(カレー用) … 250g
- **A** | 小麦粉 … 大さじ1
  　　| 塩、こしょう … 各少々
- ベーコン … 2枚
- 玉ねぎ … 1/2個
- パプリカ(赤) … 1/2個
- にんじん … 1/3本
- トマト … 1個
- じゃがいも … 1個
- サラダ油 … 大さじ1
- にんにくのみじん切り … 1かけ分
- パプリカパウダー … 大さじ1
- トマトペースト … 大さじ1/2
- **B** | 水 … 2カップ
  　　| 塩 … 小さじ1/2
  　　| こしょう … 少々

作り方

1. 牛肉は**A**をまぶす。ベーコンは1cm幅に、玉ねぎとパプリカは薄切り、にんじんは薄い半月切り、トマトはざく切り、じゃがいもはひと口大に切る。

2. フライパンにサラダ油を中火で熱し、**1**の牛肉を入れて焼き色がつくまで2〜3分焼く。

3. ベーコン、玉ねぎ、パプリカ、にんじん、にんにくを加えてしんなりするまで3〜4分炒め、パプリカパウダーを加えてさらに炒める。香りが立ったらトマトペーストとトマトを加え、**B**を加える。煮立ったらアクをすくい、ときどき混ぜながら30分ほど煮る。じゃがいもを加え、さらに10分ほど煮る。

memo
牛肉とパプリカははずせませんが、ほかの野菜は好みのものでアレンジしてOK。

牛肉（カレー用・ランプ）

ビフカツ

やみつきになる味わい。ぜひ温かいうちにどうぞ！

材料　2人分

牛ランプ肉（ステーキ用）… 2枚
A ｜ 塩 … 小さじ 1/4
　｜ 黒こしょう … 少々
小麦粉、溶き卵、パン粉 … 各適量
揚げ油 … 適量
B ｜ トマトケチャップ … 大さじ1
　｜ ウスターソース、しょうゆ
　｜ 　… 各小さじ 1/2
　｜ 練りがらし … 小さじ 1/3

作り方

1　牛肉は肉たたき（またはめん棒）でたたいて形を整え、Aをふる。

2　小麦粉、溶き卵、パン粉を順につけ、やや高温（180〜190℃）の揚げ油で表面がきつね色になるまで1〜2分揚げ、油をきってそのまま5分ほどおく。

3　食べやすい大きさに切って器に盛り、混ぜ合わせたBをかけていただく。

---

memo
高温の揚げ油で短時間で揚げるのがコツ。衣がカリッと揚がって、肉の旨みを閉じ込めます。

牛すねのポン酢煮

しみじみおいしく、お酒にもごはんにも合う！

材料　2人分
牛すね肉 … 300g
玉ねぎ … 1/2個
にんにく … 1かけ
黒こんにゃく … 1/2枚(150g)
A｜水 … 1カップ
　｜酒 … 1/2カップ
　｜ポン酢しょうゆ … 大さじ3
　｜塩 … 少々

作り方
1. 牛肉は3cm角、玉ねぎは2cm角、にんにくは半分に切り、芯があれば除く。こんにゃくはひと口大にちぎって下ゆでし、ざるにあげる。
2. 鍋にAを入れて中火にかけ、煮立ったら1を加える。再び煮立ったらアクをすくって弱火にし、落としぶたをして牛肉がやわらかくなるまで30～40分煮る。

---

memo
牛すね肉は煮込めば煮込むほど旨みが出てきて、やわらかくなります。

牛肉（すね・切り落とし）

ユッケジャン

鮮やかな赤いスープは、辛さがあとを引きます。

材料　2人分
- 牛切り落とし肉 … 150g
- ごま油 … 大さじ1/2
- 玉ねぎの薄切り … 1/2個分
- ぜんまい(水煮) … 50g
- 豆もやし … 1/2袋(100g)
- 韓国粉唐辛子(粗びき) … 大さじ2
- **A**
  - 水 … 3カップ
  - 固形スープの素(ビーフ) … 1/2個
  - しょうゆ … 大さじ1と1/2
  - みりん … 大さじ1
  - おろしにんにく、砂糖 … 各小さじ1
  - 塩 … 少々
- 長ねぎの斜め切り … 1/3本分
- 溶き卵 … 1個分

作り方
1. 鍋にごま油を中火で熱し、牛肉を入れて1分ほど炒める。色が少し変わってきたら、玉ねぎを加えて1～2分炒める。
2. 3cm長さに切ったぜんまいと豆もやし、韓国粉唐辛子を加えて炒め合わせ、**A**を注ぎ入れる。煮立ったらアクをすくい、弱火で3～4分煮る。長ねぎと溶き卵を加え、卵が固まったら火を止めて器に盛る。

memo
一味唐辛子だと甘みがなく辛くなりすぎてしまうので、韓国粉唐辛子を使うのがおすすめ。

ラム肉の串焼き
ラム肉には力強いスパイスの香りがよく合います。

材料 6本分
ラムもも肉 … 300g
A ┃ 韓国粉唐辛子(粗びき)、ごま油、
　┃ 　クミンシード … 各大さじ 1/2
　┃ おろしにんにく、おろししょうが、
　┃ 　塩、しょうゆ、砂糖
　┃ 　… 各小さじ 1/2
　┃ 花椒(ホワジャオ)、こしょう … 各少々

作り方
1　ラム肉は1.5cm角に切ってボウルに入れ、Aをもみ込んで10分ほどおく。
2　竹串に1を等分に刺し、グリル(または焼き網)で焦げないように注意しながら中火で5～6分、上下を返して3～4分焼く。

---
memo
香辛料がラム肉独特のくさみを消して、肉の旨みを引き出します。

ラム肉

ラム肉のタジン

野菜の旨みがしみ込んだラム肉が絶品。異国へといざなう一品です。

材料　2人分

ラムチョップ … 6本

A
　香菜のみじん切り … 2株分
　オリーブ油 … 大さじ2
　クミンパウダー、
　　コリアンダーパウダー
　　　… 各小さじ 1/2
　塩 … 小さじ1
　こしょう … 少々

トマト … 1個
玉ねぎ … 1個
じゃがいも … 2個
ズッキーニ … 1/2本
にんじん … 1/2本
塩 … 少々

作り方

1 ボウルにラムチョップと混ぜ合わせた**A**を入れてよくもみ込み、30分ほどおく。トマトは1cm厚さの輪切りにする。

2 玉ねぎとじゃがいもは1cm厚さの輪切り、ズッキーニとにんじんは4〜5cm長さに切る。さらにズッキーニは縦半分に切り、にんじんは縦4等分に切る。

3 タジン鍋にオリーブ油少々（分量外）を入れ、玉ねぎを広げ入れる。**2**の残りの野菜を彩りよく並べてのせ、塩をふる。**1**をのせ、ふたをして40分ほど、弱火で蒸し焼きにする。

＊最初2〜3分で一度ふたを開け、水分がなかったら水を少し足すとよい。

---

memo
野菜から出る水分だけで煮るので、旨みが濃厚になります。

ラムチョップ

こってり中華風味のソースがクセになるおいしさ。

材料　2人分
ラムチョップ … 4本
塩、こしょう … 各少々
ごま油 … 小さじ1
A ｜ 甜麺醤 … 大さじ2
　｜ 酒 … 大さじ1
　｜ しょうゆ … 小さじ1
　｜ 豆板醤 … 小さじ1/3
　｜ 五香粉 … 少々
香菜 … 適量

作り方
1. ラムチョップはペーパータオルで水けをふいて塩、こしょうをふる[ⓐ]。
2. フライパンにごま油を熱し、脂が多い側面から2分ほど焼き、あとは片面2分くらいずつ焼く。骨の部分は浮いて焼きにくいので、スプーンでフライパンの油をかけながら焼く。
3. ラムチョップを取り出し、アルミホイルで包んで休ませる。フライパンに残った油をペーパータオルでさっと吸い取り、**A**を入れて[ⓑ]煮立てる。
4. ラムチョップを器に盛り、3のソースをかけて香菜を添える。

memo
焼いたあとアルミホイルに包んで休ませると、余熱で中まで火が通り、肉汁が流れ出るのを防いでくれます。

ローストビーフ

作り方はとってもカンタン、なのに味は最上級！

材料　2人分

牛ももかたまり肉 … 500g

A
- 玉ねぎの薄切り … $\frac{1}{2}$個分
- セロリの薄切り … $\frac{1}{4}$本分
- にんじんの薄切り … $\frac{1}{6}$本分
- にんにくの薄切り … 1かけ分

B
- 赤ワイン … 1カップ
- 塩 … 小さじ1
- 黒こしょう … 少々

サラダ油 … 大さじ1

〈水溶き片栗粉〉
片栗粉 … 小さじ1
水 … 小さじ2

ルッコラ…適量

作り方

1. ポリ袋に**A**と**B**をすべて入れて混ぜる。牛肉を入れて空気を抜き、袋の口をしばって2時間〜ひと晩、冷蔵庫におく。

2. **1**の牛肉を取り出し、ペーパータオルで水けを拭く[ⓐ]。フライパンにサラダ油を強めの中火で熱し、牛肉を入れて横面を2分ずつ焼き、向きを変えながら残りの4面を3分ずつ焼く。途中、フライパンが焦げついてきたらペーパータオルで拭く。

3. 牛肉をペーパータオルをのせたアルミホイルに包み[ⓑ]、15〜30分休ませる。その間にポリ袋に残った漬け汁をざるでこして**2**のフライパンに入れ、火にかける。煮立ったらアクをすくって弱火にし、1分ほど煮て水溶き片栗粉でとろみをつける。

   ＊水溶き片栗粉は一度に入れないで、様子を見ながら少しずつ加える。

4. **3**の牛肉を食べやすい厚さにスライスして器に盛り、**3**のソースとルッコラを添える。

memo
スライスしてすぐより、数分たったほうが酸素に触れて肉の赤色が鮮やかになります。

ローストチキン

皮はパリッ！　中はしっとりジューシー！

材料　2人分

鶏骨つきもも肉 … 2本
A ┃ 塩 … 小さじ$\frac{1}{2}$
　　┃ こしょう … 少々
　　┃ 白ワイン … 大さじ1
サラダ油 … 大さじ$\frac{1}{2}$
B ┃ 玉ねぎの薄切り … $\frac{1}{2}$個分
　　┃ にんじんの薄切り … $\frac{1}{4}$本分
　　┃ セロリの薄切り … $\frac{1}{4}$本分
　　┃ にんにくの薄切り … 1かけ分
白ワイン … $\frac{1}{2}$カップ
〈水溶き片栗粉〉
片栗粉 … 小さじ$\frac{1}{2}$
水 … 小さじ1

グリーンアスパラ … 4本

作り方

1 鶏肉はフォークで20か所ほど刺し、裏側の骨に沿って包丁で切り込みを入れる。**A**をすり込んで1時間ほどおく[ⓐ]。

2 フライパンにサラダ油を中火で熱し、**1**を皮目を下にして並べる。こんがりと焼き色がつくまで3〜4分焼き、上下を返してさらに2〜3分焼いて取り出す。

3 **2**のフライパンに残った油に**B**を入れ、弱火で2〜3分、しんなりするまで炒め、**2**の鶏肉を皮目を上にして並べる。白ワインを注いで[ⓑ]ふたをし、焦がさないように注意しながら5〜6分蒸し焼きにし、鶏肉を取り出して器に盛る。

4 **3**のフライパンに残った蒸し汁をざるでこし（野菜をギューッと押してエキスを出す）、味をみて塩、こしょう（各分量外）で味をととのえ、水溶き片栗粉でとろみをつける。
＊水溶き片栗粉は、様子を見ながら少しずつ加える。

5 アスパラは根元のかたい皮をむいて4cm長さに切り、塩ゆでする。

6 **3**に**4**をかけ、**5**を添える。

ⓐ

ⓑ

memo
フォークで刺したり、骨に沿って切り込みを入れると、味がしみ込みやすくなります。

ローストポーク

旨みがしみ出た煮汁のソースが
肉のおいしさを引き立てます。

材料　2人分
豚ロースかたまり肉 … 400g
A | 塩 … 大さじ1/2
　 | こしょう … 少々
じゃがいも … 小6個(約240g)
サラダ油 … 大さじ1/2
B | りんご … 1/4個
　 | 玉ねぎの薄切り … 1/2個分
　 | セロリの薄切り … 1/3本分
　 | にんにくの薄切り … 1かけ分
ローズマリー … 2本
白ワイン … 1/2カップ
C | 塩 … 小さじ1/4
　 | こしょう … 少々

作り方
1　豚肉はAをすり込み、3時間〜ひと晩、冷蔵庫におく。
2　じゃがいもは皮つきのままよく洗う。Bのりんごは芯を取って5mm厚さに切る。
3　フライパンにサラダ油を熱し、1の豚肉を入れて全体に焼き色がつくまで、向きを変えながら強めの中火で5〜6分焼いて[ⓐ]取り出す。
4　3のフライパンに残った油でBを炒め、しんなりしたら厚手の鍋に移して3の肉をのせ、まわりにじゃがいもとローズマリーをのせて白ワインを注ぐ[ⓑ]。中火にかけ、煮立ったら弱火にし、焦げないようにときどき様子を見ながら25〜30分蒸し焼きにする。

ごちそう肉

5 豚肉とじゃがいもを取り出し、残った煮汁をざるでこし、汁を半量になるまで煮詰めて、**C**で味をととのえる。

6 豚肉を厚めにスライスし、じゃがいもとともに器に盛り、5のソースをかける。

memo
蒸し焼きにしたあとの煮汁でソースを作りますが、調味する塩の量は煮詰め具合で変わります。

85

ミートローフ

作っておけるので、おもてなしにもぴったりです。

ごちそう肉

材料　作りやすい分量
(17×8×高さ6cmの型1台分)
合いびき肉 … 600g
サラダ油 … 大さじ1/2
玉ねぎのみじん切り … 1個分
A｜卵 … 1個
　｜パン粉 … 1/2カップ
　｜コニャック(好みで) … 大さじ1
　｜塩 … 小さじ1
　｜ナツメグ、こしょう … 各少々
コルニッション(なければピクルス)、
　粒マスタード … 各適量

作り方
1. フライパンにサラダ油を熱し、玉ねぎを入れてしんなりするまで4〜5分炒め、火からおろして冷ます。
2. ボウルにひき肉と1、Aを入れてよく練り混ぜ、サラダ油(分量外)を塗った型に入れる。手で押さえて空気を抜きながら詰める[ⓐ]。
3. バットにペーパータオルを敷いて2をのせ、熱湯を高さ2cmくらいまで注いで[ⓑ]180℃のオーブンで50分ほど焼く。
4. オーブンから取り出してそのまま冷まし(できればひと晩冷蔵庫におくとよい)、型からはずして食べやすい厚さに切る。器に盛り、コルニッションと粒マスタードを添える。

ⓐ

ⓑ

---
memo
焼いたあと、できればひと晩寝かせておくと、味がなじんでおいしくなります。

牛肉の赤ワイン煮

肉と野菜のエキスたっぷりの煮汁も余さず楽しんで。

材料　2人分

牛すねかたまり肉
　… 500g（2cm厚さ、5〜6cm角）

A
　にんにくの薄切り … 1かけ分
　玉ねぎの薄切り … 1個分
　にんじんの薄切り … $\frac{1}{3}$本分
　セロリの薄切り … $\frac{1}{2}$本分
　ローリエ … 1枚
　赤ワイン … 2カップ

B
　小麦粉 … 大さじ2
　塩 … 小さじ$\frac{1}{4}$
　こしょう … 少々

サラダ油 … 大さじ1

C
　トマトペースト[a] … 大さじ1
　塩 … 小さじ$\frac{1}{2}$
　こしょう … 少々

作り方

1. ポリ袋に牛肉と**A**を入れ[b]、3時間〜ひと晩、冷蔵庫において味をしみ込ませる。

2. 牛肉を取り出してペーパータオルで水けを拭き、**B**をまぶす。フライパンにサラダ油を熱して牛肉を並べ、上下を返しながら全体に焼き色がつくまで3〜4分焼いて、鍋に移す。同じフライパンにポリ袋の漬け汁と野菜を入れて火にかけ、煮立ったらアクをすくい、鍋に加える。

3. **C**も加え、1時間ほど弱火で煮る。牛肉が煮汁から顔を出すようなら落としぶたをする。

4. 牛肉を取り出して煮汁をざるでこし、野菜のエキスを出すようにしっかり押す。こした煮汁に牛肉を戻し入れて温め、器に盛る。

＊煮汁にとろみがついていない場合は、ときどき鍋底を混ぜながら、さらに中火で煮詰める。

ⓐ

ⓑ

memo
すね肉は筋が多いので、じっくり煮ます。煮込むほどに肉がやわらかくなり、旨みも増します。

ごちそう肉

シュークルート

ザワークラウトは市販のものを使えばとっても簡単！

材料　作りやすい分量（約4人分）

豚肩ロースかたまり肉 … 500g

A | 塩 … 大さじ1
　　 | 砂糖 … 小さじ1

サラダ油 … 大さじ$\frac{1}{2}$
にんにく … 1かけ
玉ねぎの薄切り … $\frac{1}{2}$個分
ザワークラウト（瓶詰）… 小1瓶（350g）
白ワイン … $\frac{1}{2}$カップ
ベーコン（3等分に切る）… 3枚分

B | 水 … 4カップ
　　 | 塩 … 小さじ$\frac{1}{2}$
　　 | 黒こしょう … 少々

じゃがいも … 2個
ソーセージ（長いもの）… 4本

作り方

1 豚肉は**A**をすり込み、3時間〜ひと晩、冷蔵庫におく。

2 **1**を水洗いしてペーパータオルで水けを拭く。フライパンにサラダ油を熱し、豚肉を入れて向きを変えながら強めの中火で4〜5分、全体を焼きつけて取り出す。

3 **2**のフライパンに、つぶしたにんにくと玉ねぎを入れ、中火で2〜3分炒める。ザワークラウトを加えて軽く炒め合わせ、白ワインを注いで、汁けがほとんどなくなるまで煮る。

4 厚手の鍋に**3**を入れ、ベーコンと**B**、**2**を加えて火にかける。煮立ってアクが出たらすくい、弱火で40分ほど煮る。

5 **4**に皮をむいて半分に切ったじゃがいもとソーセージを加え、じゃがいもがやわらかくなるまでさらに10〜12分煮る。

---

memo　ザワークラウトは乳酸発酵食品で酸味がありますが、乳酸菌の働きで肉をやわらかくしてくれます。

3章

一品で大満足！
肉でごはんと麺

王道のどんぶりから、チャーハン、うどん、パスタ……。
ごはんや麺にも、たんぱく源である肉をしっかりチャージ！
食べごたえがあり、一品で主食にも主菜にもなるから作るのもラクラク。
パパッとすませたいお昼ごはんにもぴったりです。

カオマンガイ

炊飯器まかせで気軽に作れるアジアごはん。

材料　2人分
鶏むね肉 … 1枚(250g)
米 … 2合
A｜酒 … 小さじ1
　｜ごま油 … 小さじ1/2
　｜塩、おろしにんにく
　｜　… 各小さじ1/4
　｜こしょう … 少々
B｜酒 … 大さじ2
　｜塩、鶏がらスープの素(顆粒)
　｜　… 各小さじ1/2
きゅうり、ミニトマト、香菜、
　おろししょうが … 各適量
チリソース … 適量

作り方
1 米はといでざるにあげ、30分ほどおく。
2 鶏肉は厚いところを観音開きのように切り開き[ⓐ]、合わせたAを絡めて10分ほどおく。
3 炊飯器に1とBを入れ、2合の目盛りまで水を足す。2の鶏肉を皮目を上にしてのせ[ⓑ]、普通に炊く。
4 炊き上がったら鶏肉を取り出して食べやすい大きさに切る。器にごはんと鶏肉を盛り、斜め切りにしたきゅうり、ミニトマト、香菜、おろししょうがを添える。チリソースを添え、つけながらいただく。

鶏肉（むね）

ⓐ

ⓑ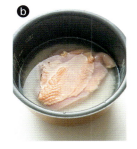

memo
肉の厚みを均一にしておくと、均一に火が通るし、切ったときも厚みがそろいます。

手羽元のサムゲタン風

弱火でコトコト。滋養たっぷり、韓国の薬膳スープです。

鶏肉（手羽元）

材料　2人分
鶏手羽元 … 8本
米 … 1/3カップ
にんにく … 大1かけ
ごぼう … 20cm（約60g）
しょうがの薄切り … 2〜3枚
ナツメ … 4〜6粒
A | 水 … 3カップ
　| 塩 … 小さじ1/2
　| こしょう … 少々
松の実 … 大さじ1

作り方
1 手羽元はさっと水洗いして、ペーパータオルで水けを拭く[a]。米はざるに入れて洗い、10分ほどおく。にんにくは縦半分に切って芯を取り、ごぼうは4cm長さに切る。
2 鍋に手羽元とにんにく、ごぼう、しょうが、ナツメ、米、Aを入れて[b]中火にかけ、アクが出たらすくう。ふたをせず、弱火で20分煮る。
3 フライパンで松の実を軽く煎り、2に散らす。

memo
煮るとき、アクをていねいにすくうと澄んだスープになります。

チキンドリア

鶏肉の旨みとアツアツのとろ〜りチーズが絶品！

材料　2人分

- 鶏もも肉 … 1枚（約300g）
- 塩、こしょう … 各少々
- 玉ねぎ … 1/2 個
- しめじ … 1/2 パック（50g）
- **A** | バター … 15g
  | サラダ油 … 大さじ 1/2
- 小麦粉 … 大さじ1
- 白ワイン … 1/3 カップ
- **B** | 生クリーム … 1/2 カップ
  | 塩 … 小さじ 1/2
  | こしょう … 少々
- ピザ用チーズ … 40g
- ごはん … どんぶり2杯分

作り方

1. 鶏肉は大きめのひと口大に切り、塩、こしょうをふる。玉ねぎは5mm幅の薄切りにし、しめじは小房に分ける。
2. フライパンに**A**を入れて火にかけ、バターが溶けたら鶏肉を入れ、焦がさないように注意しながら、弱火で3〜4分焼く。
3. 玉ねぎとしめじを加えて2〜3分炒め合わせ、小麦粉をふってさらに1分ほど炒め、白ワインを注ぐ。汁けがほとんどなくなるまで中火で1〜2分煮詰め、**B**を注いでとろみがつくまで弱火で2〜3分煮る。
4. 耐熱容器にごはんを入れ、**3**をかけてチーズをふり、オーブントースターで焼き色がつくまで3〜4分焼く。

---

memo
焼くときにバターとサラダ油をいっしょに入れると、バターが焦げにくくなります。

鶏肉（もも）

鶏の照り焼き丼
肉のエキスが溶け出した甘辛だれも最高！

材料　2人分
- 鶏もも肉 … 小2枚（約400g）
- サラダ油 … 小さじ1
- 長ねぎ … 1本
- **A** しょうゆ、みりん … 各大さじ1と1/2
  砂糖 … 小さじ1
- ししとう … 6本
- 焼きのり … 1枚
- 温かいごはん … どんぶり2杯分

作り方
1. 鶏肉は余分な脂身を除き、サラダ油をひいたフライパンに皮目を下にして並べ、弱めの中火で8〜10分、皮目がきつね色になるまで焼く。途中3〜4cm長さに切った長ねぎを隙間に入れ、焼けたら取り出しておく。
2. **1**の鶏肉の上下を返してさらに2〜3分焼き、合わせた**A**と**1**の長ねぎ、ししとうを加え、煮汁にとろみがついて、照りが出るまで、2〜3分絡める。
3. 鶏肉を取り出し、食べやすい大きさに切る。
4. ごはんにちぎった焼きのりを散らし、**3**と**2**の煮汁、長ねぎ、ししとうを盛る。

---
memo
鶏肉は皮目を下にして、弱めの中火でじっくり焼き、中まで火を通します。

親子丼

めんつゆを使えばあっという間にでき上がり。

材料　2人分

- 鶏もも肉 … 1枚（約300g）
- 長ねぎ … 1/2本
- A｜水 … 3/4カップ
  　｜めんつゆ（3倍濃縮） … 大さじ2
- 溶き卵 … 3個分
- 温かいごはん … どんぶり2杯分
- みつば（ざく切り） … 適量

作り方

1. 鶏肉は大きめのひと口大に切る。長ねぎは4cm長さに切ってから太めのせん切りにする。
2. フライパンにAを入れて火にかけ、煮立ったら鶏肉を入れる。再び煮立ったら弱火にし、上下を返しながら3〜4分煮る。
3. 長ねぎを加えて軽く混ぜ、溶き卵を流し入れて好みのかたさになるまで煮る。ごはんに煮汁ごとのせ、みつばを添える。

---

memo
とろっとした卵に仕上げるなら、「まだ早いかな？」と思ったときに火を止めましょう。

鶏肉（もも）

タッカルビ丼

鶏肉にコチュジャンベースのたれをもみ込んで。ごはんが進む！

材料　2人分

鶏もも肉 … 1枚(約300g)

A
- コチュジャン … 大さじ2
- ごま油 … 大さじ1
- おろししょうが、しょうゆ、砂糖 … 各小さじ1
- おろしにんにく … 小さじ1/2
- 塩 … 少々

キャベツ … 2枚(150g)
にんじん … 1/4本
長ねぎ … 1/3本
にら … 20g
温かいごはん … どんぶり2杯分

作り方

1. ボウルにAを入れて混ぜ、大きめのひと口大に切った鶏肉を加えてもみ込み、10分ほどおく。
2. キャベツはひと口大に、にんじんは短冊切り、長ねぎは斜め薄切り、にらは3cm長さに切る。
3. フライパンに1を入れ、焦がさないように弱めの中火で3〜4分焼く。
   * くっついて炒めにくいときは、ごま油を少し足す。
4. にら以外の2を加えて2〜3分炒め合わせ、にらを加えてひと混ぜし、ごはんにかける。

---

memo

鶏肉に下味をつけておくと、甘辛いたれが肉にしみ込んで味がしっかりつきます。

角煮丼

脂身に箸を入れるとスルッと入る。これぞ角煮の醍醐味！

豚肉（バラ）

材料　2人分

豚バラかたまり肉 … 500g
A｜水 … 1カップ
　｜酒 … 1/2カップ
にんにく … 1かけ
しょうがの薄切り … 1かけ分
ほうれん草 … 100g
砂糖、しょうゆ … 各大さじ3
ゆで卵 … 2個
〈水溶き片栗粉〉
片栗粉 … 大さじ1
水 … 大さじ2

温かいごはん … どんぶり2杯分

作り方

1. 豚肉は2cm幅に切る。フライパンに脂が多い面を下にして並べ、強めの中火で全体に焼き色がつくまで向きを変えながら3〜4分焼く。火を止め、フライパンに出た脂をペーパータオルで吸い取る。
2. 1に肉がかぶるくらいの水を入れて再び火にかけ[ⓐ]、煮立ったらざるにあげる。
3. 鍋にAと2、半分に切ったにんにく、しょうがを入れて火にかけ、煮立ったら脂とアクを取り、落としぶたをして弱火で20分ほど煮る。
4. ほうれん草はさっとゆでて水けを絞り、4cm長さに切る。
5. 3に砂糖、しょうゆを加えて[ⓑ]さらに20分ほど煮てゆで卵を加え、火からおろして味をしみ込ませる。再び火にかけて温め、ごはんに豚肉と卵、ほうれん草をのせる。
6. 5の鍋に残った汁を煮立て、水溶き片栗粉でとろみをつけ、豚肉にかける。

＊煮汁の煮詰め加減で残った水分量が変わるので、水溶き片栗粉は様子を見ながら少しずつ加える。

memo
豚肉は最初に焼きつけて余分な油をペーパーで吸い取り、ゆでこぼしてくさみを除きます。

豚肉（ロース）

ソースかつ丼

衣はサクッ、肉はジュワ～、もう箸が止まりません！

材料　2人分
豚ロース肉（とんかつ用）… 2枚
パン粉 … 1カップ
A｜小麦粉、水 … 各大さじ4
　｜塩 … 小さじ1/4
　｜こしょう … 少々
揚げ油 … 適量
B｜中濃ソース … 大さじ3
　｜しょうゆ … 小さじ1/2
　｜練りがらし … 小さじ1/2
温かいごはん … どんぶり2杯分

作り方
1　パン粉はフードプロセッサー（またはミキサー）で細かくする。**A**はよく混ぜる。
2　豚肉は肉たたき（またはめん棒）でたたいてから好みで脂身を除き、1枚を3～4枚のそぎ切りにする。
3　**A**に**2**をくぐらせてから**1**のパン粉をまぶしつけ[ⓐ]、中温（170℃）の揚げ油で1分、上下を返してさらに2分ほど揚げて油をきる。
4　合わせた**B**に**3**を半分くらいくぐらせ、ごはんにのせる。

memo
パン粉は細かく砕いたものを使うのがコツ。余計な揚げ油を吸わずにカラッと揚がります。

黒酢酢豚丼

黒酢の濃厚なあんが、白いごはんによく合います。

材料　2人分

豚肩ロース肉（とんかつ用）
　　… 2枚（1枚約150g）
A ┃ しょうゆ … 小さじ½
　┃ 塩、こしょう … 各少々
片栗粉 … 大さじ2
玉ねぎ … ½個
れんこん … 小1節（約100g）
揚げ油 … 適量
B ┃ 水 … ½カップ
　┃ 黒酢 … 大さじ2
　┃ 砂糖、しょうゆ … 各大さじ1
　┃ 片栗粉 … 大さじ½
　┃ ごま油 … 小さじ1
　┃ 塩、こしょう … 各少々
温かいごはん … どんぶり2杯分

作り方

1. 豚肉は1.5cm幅の棒状に切り、Aをもみ込んで片栗粉をまぶす。玉ねぎは2cm角、れんこんは5mm幅に切る。
2. 低温（150〜160℃）の揚げ油で玉ねぎとれんこんを1分ほど素揚げにし、油をきる。温度を少し上げて（170℃）豚肉を入れ、ときどき上下を返しながら2〜3分、カラリと揚げる。
3. フライパンにBを合わせ、混ぜながら煮立てる。とろみがついたら2の野菜と豚肉を戻し入れて軽く混ぜ、ごはんにかける。

---
memo
肉に片栗粉をまぶすと、肉の旨みを閉じ込めるだけでなく、あんにとろみがつきます。

豚肉（肩ロース）

パイグー弁

パイグーは骨つきのバラ肉。台湾のパイグー弁当風にしました。

材料　2人分
- 豚肩ロース肉（とんかつ用）… 2枚
- A
  - しょうゆ、みりん … 各大さじ1
  - 砂糖 … 小さじ1
  - 塩、こしょう … 各少々
- 高菜漬け … 100g
- ごま油 … 小さじ1/2
- しょうゆ、みりん … 各小さじ1/2
- 片栗粉 … 適量
- 揚げ油 … 適量
- 温かいごはん … どんぶり2杯分

作り方
1. 肉は肉たたき（またはめん棒）でたたいてからAをもみ込み、10分ほどおく。
2. 高菜漬けは5mm幅に切って水に10分ほどつけ、絞る。フライパンにごま油を熱し、軽く炒めてしょうゆ、みりんで調味する。
3. 1に片栗粉をたっぷりまぶして余分な粉をはたき、中温（170℃）の揚げ油で2〜3分、カラリと揚げて油をきる。ごはんにのせ、2を添える。

---

memo
肉はたたくことで繊維がつぶれてやわらかくなり、肉の揚げ縮みを防ぐことができます。

焼き豚エッグ丼

煮汁が肉のおいしさを後押し！　卵と絡めてめし上がれ。

豚肉〈肩ロース〉

材料　2人分
〈焼き豚　作りやすい分量〉
豚肩ロースかたまり肉 … 500g
サラダ油 … 大さじ1＋小さじ1
A | 水 … 2カップ
　| 酒 … 1カップ
　| しょうゆ … 1/2カップ
　| みりん … 1/3カップ
　| 砂糖 … 大さじ2
にんにく … 1かけ
しょうがの薄切り … 1かけ分
長ねぎの青い部分 … 1本分

卵 … 2個
焼き豚の煮汁 … 大さじ4
温かいごはん … どんぶり2杯分

作り方

1　焼き豚を作る。フライパンにサラダ油大さじ1を熱し、豚肉を入れて向きを変えながら、全体に焼き色がつくまで、強めの中火で3～4分焼きつける。

2　鍋にAと半分に切ったにんにく、しょうが、香りが出るようにひねった長ねぎ、1を入れて落としぶたをし、弱火で20分、上下を返して20分煮て（途中、アクが出たらすくう）そのまま冷ます。

3　2の豚肉をスライスし（ここでは約1/2量使用）、サラダ油小さじ1を熱したフライパンに並べ入れる。卵も割り入れて強めの中火で2～3分焼く。このとき、肉は上下を返しながら焼き、焼き豚の煮汁をかける[a]。

4　ごはんに3の卵と豚肉を煮汁ごとのせる。
＊焼き豚は密閉容器に入れて冷蔵で5日ほど保存可能。

memo
煮ている間に出てくるアクは、くさみの原因になるのでこまめに取りましょう。

豚肉（バラ）

豚キムチチャーハン

キムチは、あれば古漬けを使うと酸味があっておいしい！

材料　2人分
- 豚バラ薄切り肉 … 150g
- 白菜キムチ … 120g
- 温かいごはん
  … 茶碗2杯分（多めで400g）
- しょうゆ … 大さじ1/2
- 韓国のり … 1枚

作り方

1. 豚肉は3cm長さに切ってフライパンに並べ、中火にかける。焼けてきたらそのまま色づくまで3〜4分、上下を返しながら炒める。出てきた脂は大さじ1〜2を残してペーパータオルで吸い取る。
2. ざく切りにしたキムチを加えて炒め、ごはんも加えて切るようにして炒め合わせ、最後にしょうゆで調味する。
3. 器に盛り、韓国のりを手でもんでのせる。

memo
炒めて出てきた脂はラード。油を使わなくても、そのラードでごはんを炒めればいいのです。

牛肉（もも）

肉巻きおにぎり
1個でも満足できるボリューム満点のおにぎり。

材料　2人分
- 牛もも薄切り肉 … 大4枚（約150g）
- 温かいごはん … 茶碗2杯分（多めで400g）
- 水、塩 … 各適量
- 小麦粉 … 大さじ1と1/2
- サラダ油 … 大さじ1
- A｜酒、しょうゆ … 各大さじ2
  　｜砂糖 … 大さじ1と1/2
- 漬け物 … 適量（好みで）

作り方
1. 手に水と塩少々をつけ、ごはんを4等分にしてそれぞれ平たい丸形ににぎる。
2. **1**を牛肉でそれぞれ巻き、小麦粉を薄くまぶしつける。
3. フライパンにサラダ油を熱して**2**を入れ、向きを変えながら、全体に焼き色がつくまで3～4分焼く。
   * 最初に巻き終わりを下にして焼くと、肉がはがれにくい。
4. 混ぜ合わせた**A**をまわしかけ、全体に照りが出るまで絡める。器に盛り、好みで漬け物（ここではつぼ漬け）を添える。

---
memo
おにぎりに肉を巻いたら、小麦粉をふることで調味料の絡みがよくなります。

ステーキ丼

コツさえ押さえれば、家でも最高においしいステーキが焼けます！

材料　2人分
- 牛サーロイン肉(ステーキ用) … 2枚(1枚約150g)
- A | 塩 … 小さじ1/3
    | 黒こしょう … 少々
- にんにく … 1かけ
- 玉ねぎ … 1/2個
- サラダ油 … 大さじ1
- B | しょうゆ … 大さじ1と1/2
    | 黒こしょう … 少々
- クレソン … 小1束
- 温かいごはん … どんぶり2杯分

作り方
1. 牛肉は常温に戻し[ⓐ]、Aをふる。にんにくは薄切り、玉ねぎは7～8mm幅のくし形切りにする。
2. フライパンにサラダ油とにんにくを弱火で熱し、薄茶色になるまで炒めて取り出す。
3. 2のフライパンを強火で熱して牛肉を入れ、片面30秒ずつ焼いて[ⓑ]取り出し、アルミホイルに包んで10分ほど休ませる。
4. 3のフライパンに残った油で玉ねぎをしんなりするまで2～3分中火で炒め、ペーパータオルで油をきってごはんにのせる。
5. 3の牛肉を食べやすい大きさに切って4にのせる。
6. 4のフライパンに残った油にBを入れて煮立て、5にかけて2のにんにくを散らし、クレソンを添える。

牛肉（サーロイン）

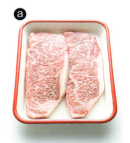
ⓐ

ⓑ

memo
厚い肉は常温に戻して焼くのが鉄則。冷えたままで焼くと表面の温度しか上がらず、中が冷たいままに。

キンパ

牛肉やキムチなどが入った、具だくさんの韓国流のり巻き。

牛肉（切り落とし）

材料 1本分
牛切り落とし肉 … 80g
ごま油 … 小さじ1/2
焼き肉のたれ(市販) … 大さじ1
にんじん … 1/4本
塩 … 少々
焼きのり … 1枚
温かいごはん … 200g
A | ごま油 … 小さじ1/2
　| 塩 … ひとつまみ
えごまの葉 … 3枚
たくあん(1cm角×20cmの棒状) … 1本
白菜キムチ … 40g
ごま油(のり用) … 少々
白いりごま … 少々

作り方
1　フライパンにごま油を熱して牛肉と焼き肉のたれを入れ、強めの中火で肉に火が通るまで2分ほど炒め、火からおろして冷ます。
2　にんじんはスライサーでせん切りにして塩をふり、手でもんで水けを絞る。
3　ごはんは**A**を加えて混ぜる。
4　のりに**3**を薄く広げ、手前にえごまの葉を並べ、**1**、**2**、たくあん、ざく切りにして水けを絞ったキムチを順にのせ、のり巻きの要領で巻く[a]。刷毛でごま油をさっと塗り、ごまをふる。食べやすく切って器に盛る。

memo
肉は炒めたあと、冷まして味をしみ込ませます。具は何でもOK。

肉うどん

肉の旨みがだしにプラスされ、極上の味わいに。

材料　2人分
牛切り落とし肉 … 200g
A | 酒 … 1/3カップ
　 | しょうゆ、砂糖 … 各大さじ1
冷凍うどん … 2玉
B | 水 … 3と1/2カップ
　 | めんつゆ(3倍濃縮) … 1/2カップ
わけぎの小口切り … 30g
七味唐辛子 … 少々(好みで)

作り方
1. 鍋にAを入れて火にかける。沸騰したら牛肉を入れ、ほぐしながら煮汁がほとんどなくなるまで2～3分煮る。
2. うどんは表示通りにゆでる。別の鍋にBを入れて煮立たせる。器にうどんとBを入れて1をのせ、わけぎをたっぷりのせて、七味唐辛子をふる。

memo
酒には独特の旨みがあるので、肉を煮るときに加えると深い味わいに仕上がります。

牛肉（切り落とし）

牛丼

切り落とし肉で気軽に作れるスタミナ丼。

材料　2人分

- 牛切り落とし肉 … 250g
- 玉ねぎ … 1/2個
- A | 水 … 1と1/2カップ
  | 酒 … 1/3カップ
  | しょうゆ、砂糖 … 各大さじ2
- 温かいごはん … どんぶり2杯分
- 紅しょうが … 適量

作り方

1. 玉ねぎは1cm幅のくし形切りにする。
2. 鍋にAを入れて火にかけ、煮立ったら牛肉と1を入れる。アクが出たらすくい、弱火にしてときどき混ぜながら20分ほど煮る。
3. ごはんに2をのせ、紅しょうがを添える。

---

memo
煮汁が煮立ったところに牛肉と玉ねぎを加え、弱火で煮込みます。

ごろごろステーキチャーハン
にんにくの香りで食欲倍増！

材料　2人分
- 牛ランプ肉(ステーキ用) … 2枚
- A | 塩 … 小さじ 1/4
  　| 黒こしょう … 少々
- サラダ油 … 大さじ1
- にんにくの薄切り … 2かけ分
- 温かいごはん
  　… 茶碗2杯分（多めで400g）
- B | しょうゆ … 大さじ1
  　| 塩、黒こしょう … 各少々
- わけぎの小口切り … 30g

作り方
1. 牛肉は2cm角くらいに切り、Aをもみ込む。
2. フライパンにサラダ油を弱火で熱してにんにくを入れ、薄茶色になるまで2分ほど炒めて取り出す。
3. 強めの中火にし、フライパンに残った油で1を1分ほど炒め、ごはんを加えて炒め合わせ、Bで調味する。
4. わけぎと2を加えて軽く炒め合わせる。

memo
にんにくの香りを移した油で肉とごはんを炒めるのがおいしさの秘訣。

牛肉(ランプ・焼き肉用)

焼き肉丼

たれの味が決め手。たれがしみたごはんも旨い！

材料　2人分

- 牛肉(焼き肉用) … 200g
- A
  - しょうゆ … 大さじ1
  - りんごのすりおろし … 1/8個分
  - おろししょうが、白いりごま、ごま油 … 各小さじ1
  - おろしにんにく … 小さじ1/3
  - 塩、こしょう … 各少々
- サラダ油 … 小さじ1
- ピーマン … 2個
- もやし … 1/2袋(100g)
- 塩、黒こしょう … 各少々
- 温かいごはん … どんぶり2杯分

作り方

1. ボウルにAを合わせて牛肉を入れ、もみ込む。ピーマンは半分に切ってヘタと種を除く。
2. フライパンにサラダ油を強火で熱し、ピーマンともやしを入れて2分ほど炒める。塩、黒こしょうで調味し、ごはんにのせる。
3. フライパンをさっと洗って強めの中火にかけ、牛肉を並べて片面1分ずつ焼き、汁ごと2にのせる。

---

memo
肉は下味をもみ込んでいるので、焦がさないように手早く両面を焼きましょう。

ビーフカレー

スパイスたっぷりの本格ルーが
肉の旨みを引き立てます。

材料　2人分

牛肉(カレー用) … 250g
塩、こしょう … 各少々
玉ねぎ … 2個
サラダ油 … 大さじ3＋大さじ1/2
A｜にんにくのみじん切り … 1かけ分
　｜しょうがのみじん切り … 2かけ分
　｜小麦粉 … 大さじ3
　｜カレー粉 … 大さじ2
　｜ガラムマサラ … 小さじ1
　｜オールスパイス … 小さじ1/2
ヨーグルト(プレーン) … 大さじ3
りんごのすりおろし … 1/8個分
B｜水 … 3カップ
　｜トマトペースト … 大さじ1/2
　｜しょうゆ … 小さじ1
　｜塩 … 小さじ1/2
　｜黒こしょう … 少々
温かいごはん … 茶碗2杯分
福神漬け … 適量(好みで)

作り方

1 玉ねぎは薄切りにし、サラダ油大さじ3であめ色になるまで30分ほど弱火でじっくり炒める。
　＊途中、焦げそうになったら、水少々を鍋底にかけてこそげるとよい。

2 Aを加えて3〜4分炒める。
　＊炒めにくい(焦げつきそうになる)場合は、サラダ油少々を足す。

3 ヨーグルトとりんごを加え、Bの水を少しずつ加えて溶きのばし、残りのBも加え混ぜ、鍋に移す。

牛肉（カレー用）

4 牛肉は塩、こしょうをもみ込む。フライパンにサラダ油大さじ1/2を強めの中火で熱し、牛肉を入れ、まわりに焼き色がつくまで2〜3分焼き、3の鍋に加える。煮立ったらアクをすくい、ときどき鍋底を混ぜながら、弱火で30分ほど煮る。

5 器にごはんと4を盛り、福神漬けを添える。

memo
肉はフライパンで焼き色がつくまで焼いてから煮込むのがポイント。

牛肉のフォー

肉はアツアツのスープをかけて火を通すだけで OK です。

材料　2人分

- 牛肉（しゃぶしゃぶ用）… 150g
- フォー（米麺・乾燥）… 150g
- サラダ油 … 大さじ 1/2
- にんにくのみじん切り … 1かけ分
- A
  - 固形スープの素（ビーフ）… 1個
  - 水 … 4カップ
  - ナンプラー … 大さじ2
  - 砂糖 … 小さじ1
- サニーレタス … 大1枚
- もやし … 100g
- 紫玉ねぎの薄切り … 1/4 個分
- 万能ねぎ（1cm長さに切る）
    … 2～3本分
- 香菜のざく切り … 1株分
- 赤唐辛子の小口切り … 1/2 本分
- 黒こしょう … 少々

作り方

1. フォーはぬるま湯に15分ほどつけてもどす [a]。フライパンにサラダ油とにんにくを入れ、薄茶色になるまで弱火で炒める。
2. 鍋に A を入れて火にかけ、沸騰させる。
3. 別の鍋に湯を沸かして 1 のフォーをさっとゆで、器に盛る。ちぎったサニーレタス、もやし、紫玉ねぎ、万能ねぎ、牛肉をのせ、1 のにんにく油をかける。アツアツの 2 を肉にかけ [b]、火を通す。香菜をのせ、赤唐辛子と黒こしょうをふる。

牛肉（しゃぶしゃぶ用）

memo
肉はしゃぶしゃぶ用の新鮮なもの、スープは沸騰させたものを使ってください。

ひき肉

ガパオ丼

タイ料理の人気メニューをどんぶりに。バジルが味の決め手です。

材料　2人分

豚ひき肉 … 200g

玉ねぎ … $\frac{1}{2}$ 個

パプリカ(赤) … $\frac{1}{4}$ 個

にんにく … 1かけ

サラダ油 … 小さじ1＋大さじ1

バジルの葉 … 8枚

A | オイスターソース … 大さじ1
ナンプラー … 大さじ$\frac{1}{2}$
砂糖 … 小さじ$\frac{1}{2}$
塩、黒こしょう … 各少々

卵 … 2個

温かいごはん … どんぶり2杯分

作り方

1 玉ねぎ、パプリカ、にんにくは粗みじん切りにする。

2 フライパンにサラダ油小さじ1を熱し、ひき肉を入れて強めの中火でほぐしながら、少し焼き色がつくまで2〜3分炒める。

3 **1**を加えてさらに2分ほど炒め、バジルをちぎって加えて**A**で調味し、ごはんにかける。

4 フライパンをきれいにしてサラダ油大さじ1を熱し、卵を割り入れて目玉焼きを作り、**3**にのせる。

memo

目玉焼きはかためより、黄身が流れ出るくらいに仕上げるのがベスト。

スパゲティミートソース

野菜と肉の旨みが渾然一体となってスパゲティに絡みます。

材料　2人分
- 牛ひき肉 … 300g
- オリーブ油 … 大さじ2
- **A**
  - 玉ねぎのみじん切り … 1/2個分
  - にんじんのみじん切り … 1/4本分
  - にんにくのみじん切り … 1かけ分
  - セロリのみじん切り … 1/3本分
  - 生しいたけのみじん切り … 3個分
- 赤ワイン … 1カップ
- トマト水煮缶 … 1/2缶(200g)
- **B**
  - 水 … 1と1/2カップ
  - 塩 … 小さじ1
  - ナツメグ、こしょう … 各少々
- ローリエ … 1枚
- スパゲティ … 160g

作り方
1. フライパンにオリーブ油を熱し、**A**を入れてペースト状になるまで弱火で10分ほどじっくり炒める。
2. ひき肉を加えて中火にし、ほぐれて焼き色がついてくるまで4〜5分炒める。赤ワインを注ぎ、半量になるまで煮詰める。トマト缶を加えて木べらでトマトをつぶし、**B**とローリエを加えてさらに10分ほど煮る。
3. 鍋にたっぷりの湯を沸かしてスパゲティを表示通りにゆで、ざるにあげる。器に盛り、**2**をかける。

---
memo
みじん切りにした野菜をじっくり炒めて野菜の旨みを引き出します。

ひき肉

ドライカレー
身近な材料ですぐ作れるのがうれしい。

材料　2人分

合いびき肉 … 200g
サラダ油 … 小さじ1
玉ねぎのみじん切り … 1/2個分
カレー粉 … 大さじ2
A ｜ ウスターソース、
　｜ トマトケチャップ
　｜ 　… 各大さじ1
　｜ しょうゆ … 小さじ1
　｜ 塩 … 少々
トマトのざく切り … 1個分
温かいごはん … 茶碗2杯分

作り方

1. フライパンにサラダ油を弱めの中火で熱し、玉ねぎを入れて薄茶色になるまで4〜5分、焦がさないように炒める。
2. ひき肉を加え、ほぐれて少し焼き色がつくまで炒める。カレー粉を加えてさらに炒め、香りが立ったらAを加えて調味し、トマトを加えて中火で2〜3分煮る。
3. 器にごはんを盛り、2をかける。

---
memo
玉ねぎは茶色になるまでしっかり炒めると、甘みとコクが増します。

肉の選び方と保存の仕方

肉を買うときは、ドリップや、赤身や脂肪の色などを見て新鮮なものを選ぶようにしましょう。また、保存をする場合は空気に触れないようにすることが大切。ぴったりラップで包んでから保存袋に入れ、早めに使い切りましょう。

【肉の選び方】

どの肉もドリップ（肉汁）が出ていないものを選ぶのが鉄則です。牛肉、豚肉、ラム肉は赤身と脂肪の境目がはっきりしているもの、鶏肉は皮の毛穴（ブツブツ）が盛り上がっているものを選んでください。

○牛肉

赤身の色は切りたては暗赤色ですが、15～30分で色素が酸化されて鮮紅色になります。この状態のものがベスト。さらに時間がたつ（酸化が進む）と2～6日で徐々に褐色になります。また、表面は鮮紅色なのに重なっている部分が暗赤色になっていることがあります。これは空気に触れていないため、発色していないということ。鮮度が落ちているわけではないので大丈夫です。

○豚肉

特に注意が必要なのは脂肪。黄色になっているものは肉質がよくないので避けましょう。

○鶏肉

地鶏の肉は赤みが強く、ブロイラー（若鶏）は皮の色が黄色いものほど新鮮です。皮の色が白くなり、毛穴のブツブツがぺたんとしているものは鮮度が落ちているので避けましょう。

【保存の仕方】

○冷蔵庫の場合

空気に触れると酸化して風味が落ちるので、トレイから出して1回の調理に使う量に分け、ぴったりとラップで包んでから保存用ポリ袋に入れて保存します。薄切り肉は3日以内、かたまり肉は5日以内に使い切りましょう。

○冷凍庫の場合

冷蔵庫の場合と同様にして、ぴったりとラップで包み、ジッパーつきの冷凍用保存袋に入れて、1か月以内に使い切るようにします。また調理に合わせて下味をつけたり、

衣をつけて保存すると、冷凍している間に味がしみ込み、調理時間も短縮できます。

○解凍する場合

冷蔵庫に移して解凍するのが一番ですが、保存袋を氷水に入れて自然解凍する方法もおすすめです。ポイントは完全に解凍させないで、半解凍状態で調理すること。完全

に解凍させるとドリップが出て、旨みが流れ出てしまうため、味が損なわれます。

肉の下処理のポイント

肉料理をするとき、調理法にもよりますがいくつかの共通する下処理の方法があります。どれも肉をおいしく仕上げるためのポイント。本書でたびたび出てくるので、ここで覚えておきましょう。

Point 01
筋を切る
赤身と脂身の境目の筋を切っておくと、焼いたり揚げたりしたときに反り返ったりすることがありません。

Point 02
たたく
肉たたきで肉をたたくと、繊維が断ち切られて肉がやわらかくなり、ふっくらジューシーに仕上がります。

Point 03
切り込みを入れる
骨つきで肉厚の肉は、骨に沿って切り込みを入れると、火が通りやすく、味もしみ込みやすくなります。

Point 04
厚みをそろえる
鶏むね肉など、一枚肉なのに厚みにムラがある場合は、包丁で観音開きのように切り込みを入れて開き、厚みをそろえると均一に火が通ります。

Point 05
塩をふる
肉に塩をふったりまぶしたりすると、脱水効果で水分が抜けて身が引き締まります。

重信初江
Hatsue Shigenobu

料理研究家。服部栄養専門学校調理師科卒業後、織田調理師専門学校で助手として勤務したのち、料理研究家のアシスタントを経て独立。ホッとする家庭料理から、食べ歩きで見つけた人気店の味、旅して出合った世界の料理まで幅広くこなす。身近な食材を使った誰にでも作りやすい簡潔なレシピ、それでいて驚くほどおいしく仕上がる料理で人気を集める。『罪悪感ゼロつまみ』(小社刊)など著書多数。
Instagram @shige82a

今夜は、肉！

著　者　重信初江
編集人　足立昭子
発行人　殿塚郁夫
発行所　株式会社主婦と生活社
　　　　〒104-8357　東京都中央区京橋3-5-7
　　　　TEL 03-3563-5321（編集部）
　　　　TEL 03-3563-5121（販売部）
　　　　TEL 03-3563-5125（生産部）
　　　　https://www.shufu.co.jp
　　　　ryourinohon@mb.shufu.co.jp
製版所　東京カラーフォト・プロセス株式会社
印刷所　共同印刷株式会社
製本所　小泉製本株式会社
ISBN 978-4-391-16303-2

落丁・乱丁の場合はお取り替えいたします。お買い求めの書店か、小社生産部までお申し出ください。
®本書を無断で複写複製（電子化を含む）することは、著作権法上の例外を除き、禁じられています。本書をコピーされる場合は、事前に日本複製権センター（JRRC）の許諾を受けてください。
また、本書を代行業者等の第三者に依頼してスキャンやデジタル化をすることは、たとえ個人や家庭内の利用であっても一切認められておりません。
JRRC（http://jrrc.or.jp　Eメール：jrrc_info@jrrc.or.jp　TEL：03-6809-1281）

©HATSUE SHIGENOBU 2024 Printed in Japan

お送りいただいた個人情報は、今後の編集企画の参考としてのみ使用し、他の目的には使用いたしません。詳しくは当社のプライバシーポリシー（https://www.shufu.co.jp/privacy/）をご覧ください。

※本書は『肉めし』(小社刊)をもとに、新規取材を加えて再編集したものです。

デザイン
　小橋太郎（Yep）

撮影
　竹内章雄

スタイリング
　大畑純子

編集協力
　小橋美津子（Yep）

料理アシスタント
　尾花友理
　城戸美保子

校閲
　滄流社

編集
　山村奈央子

[撮影協力]
UTUWA